JN439418

나의 푸른 것들아

현대수필가100인선 · 75

나의 푸른 것들아

이난호 수필선

좋은수필사

■ 책머리에

수필은 누구나 부담 없이 읽고, 마음만 먹으면 직접 쓸 수도 있는 가장 친근한 문학이다. 다른 영역의 문학이 영상매체에 밀려 신음하고 있는 중에도 수필 인구만은 날로 증가하여 바야흐로 수필 전성시대를 구가하고 있는 이유도 거기에 있을 것이다.

시대적 추세에 힘입어 수많은 수필전문지, 수필동인지가 창간되고, 이에 비례하여 신진 수필가도 날로 늘어나다 보니 이제는 그 많은 작가, 그 많은 작품 중에서 문학성 높은 작품을 가려 읽는 일이 쉽지 않게 되었다. 이런 현상은 작가에게나 독자에게나 결코 바람직한 일이 아니다. 더 나아가서는 수필을 연구하는 후세들에게도 큰 부담이 될 것이다.

이런 문제를 해결하는 데는 출판인도 마땅히 한몫을 감당해야 한다는 평소의 소신에 따라, 본사가 기꺼이 그 역할을 맡기로 했다. 그 첫 번째 사업으로 시대를 대표할 만한 수필가 100인을 선정하고, 작가가 자선한 40편 내외의 작품을 수록한 문고본을 발간하여 이를 널리 보급함으로써 그 소임을 다하고자 한다.

본사는 사명감을 가지고 이 사업을 추진해 나가기로 했다. 작가 선정을 전담할 편집위원회를 구성하고 전권을 위임하여 일체의 사적인 정실이나 청탁을 배제함으로써 전문성과 공

정성을 확보해 나갈 것이다.

따라서 이 기획물 속에는 작가의 문학정신뿐만 아니라, 본사의 문학사적 기여 의지와 편집위원 제위의 수필문학에 대한 애정과 문인으로서의 양심이 함께 담겨 있음을 자부한다. 다만, 작가를 선정하는 기준에는 많은 견해의 차이가 있을 수 있고, 선정 과정에서도 미처 챙기지 못한 부분이 있을 것이라는 사실만은 인정하지 않을 수 없다. 이 점에 대해서는 관계자 여러분의 양해 있으시기 바란다.

이 시리즈의 발간 순서는 작가, 또는 본사의 사정에 의한 것일 뿐 그 밖의 어떤 기준도 적용하지 않았음을 밝힌다.

본 기획물이 시대를 초월한 많은 수필 애호가들의 관심과 애정 속에 우리나라 수필문학 발전에 한 이정표가 되기를 바랄 뿐이다.

2010년 8월

좋은수필 발행인 서 정 환

현대수필가 100인선 간행 편집위원 박 재 식 최 병 호

정 진 권 강 호 형

변 해 명

| 차례 | 현대수필가100인선 · 75

1_부

2_부

3_부

을 지나갈 때 길 양옆으로 죽 늘어선 사람들이 "아이구, 앙징맞어라!" 하며 떠들썩한 웃음을 보내면 우리는 신이 나서 고개를 더욱 쳐들고 코를 벌렁거렸다. 읍을 벗어나면 넓은 신작로였다. 선생님은 호루라기를 불면서 행렬 앞뒤로 뛰어다니며 소리쳤다.

"자동차 조심해라, 자동차 조심해라." 아직 노선버스 한 대 없던 때였으니 자동차래야 가끔 짐칸에 사람 두엇을 싣고 달리는 트럭뿐이었지만 멀리서 트럭이 보이기 시작하면 아이들은 딱 멈춰 서서 트럭이 다 지나갈 때까지 누런 먼지를 들이마시면서 짐칸에 앉은 사람들을 부러워했다.

갑자기 오줌이 마려웠다. 하필 빤하게 직선으로 뚫린 신작로였다. 숨어서 일을 해결할 방법이 없었다. 한참을 궁리하다 마침내 그럴 듯한 꾀를 떠올렸다. 먼저 앞으로 달려 나가 길가에 쪼그리고 앉아 꽃 꺾는 시늉을 한다면 일행에서 뒤처질 염려도 없고 남 보기에도 이상할 것 같지 않았다. 마침 선생님이 행렬 뒤쪽에 있어서 기회는 이때다 싶어 앞으로 달려 나갔다. 내 손깍지를 끼었던 아이가 기겁을 하며 어디 가냐고 소리쳤고 나는 달려가면서 꽃 꺾으러 간다고 소리쳤다.

정말 꽃을 꺾으려는 듯이 쪼그리고 앉아 치마 속에서 부지런히 속옷을 내렸다. 다행히 주름이 풍성해서 동그랗게 치마를 부풀리면 오줌 누는 데 불편은 없을 것 같았다. 막 속옷을 내린 참이었다. 누군가가 뒤에서 나를 앞으로 밀었다. 나는 이마를 찧으며 궁둥이가 번쩍 들렸다. 치맛자락이 얼마쯤 가려 주어 궁둥이가 많이 드러난 것 같진 않았지만 내가 얼마나 크게 비명을 질렀던지 장난을 친 아이가 먼저 울려고 했다. 후딱 일어난 나는 담임선생님부터 찾았다. 제발 그 선생님만 보지 말았으면 하는 마음이 간절했다. 그러나 선생님은 바로 내 뒤에 서 있었다.

그때부터 나는 울었다. 울면서 속으로는 죽어버릴 결심을 했다. 선생님한테 부끄러워서 더는 살 수 없을 것 같았다. 내가 죽으면 선생님을 아주 못 볼 것 같아 그게 슬퍼 더 크게 울었다. 내가 하도 끈질기게 울어대니까 선생님이 어디 다쳤느냐고 몇 번이나 물었다. 나는 그때마다 대답은 않고 점점 큰 소리로 울었다. 선생님이 그렇게 걱정하는 걸로 봐서 내가 죽으면 많이 슬퍼해 줄 것 같아 흐뭇하기도 하고 슬프기도 했던 것이다.

그로부터 삼 년쯤 뒤엔가 전근 가신 그 선생님이 어느 섬에서 돌아가셨다는 말을 들었다. 나는 별로 슬프지 않았다. 그때 나는 새로 맞은 담임선생님이 내게만 도道에서 열리는 글짓기 대회에 나가라고 추천해 주는 바람에 한껏 들떠서 슬퍼할 겨를이 없었을 것이다. 기실 글짓기대회에 나가는 것보다 나 혼자만 선생님의 관심을 끌었다는 것이 더 기뻤는지 모른다. 하긴 일학년 때의 담임선생님이 눈앞에서 사라졌을 때 나는 그 부끄러운 기억에서 벗어날 수 있을 것 같아 얼마쯤 홀가분해 했을 것이다. 그분이 타계했다는 소식을 들었을 때 나는 좀 철이

들었던 것 같다. 겨우 일학년생 꼬맹이가 담임선생님과 혼인하고 싶다는 생각을 한 건 알궁둥이를 들킨 것보다 더 부끄러운 일이라는 걸 눈치 챈 후였다.

꽃바람이 불면 나는 살구쪽보다 조금 클까말까한 궁둥이를 들킨 생각이 나서 절로 입에 웃음이 물린다. 그러면 자살이라는 그 그늘진 단어까지도 꽃잎처럼 화사해진다.

(1999년)

나의 푸른 것들아

서른을 넘긴 두 아들이 사과를 먹는다.

빨간 사과를 껍질째 베물어 쯥, 하고 단물을 한번 빨아 삼키고 와작와작 씹는다. 과즙을 튀기며 몇 번 씹다가 삼키느라고 목울대를 꿈틀거린다. 그게 채 다 넘어가기도 전에 이들은 또 콧등에 주름이 잡히도록 입을 크게 벌려 팍 하고 사과를 베문다. 또 쯥, 하고 단물을 빤다. 넋 놓고 바라보면서 나도 덩달아 입술을 움질거릴 뿐 껍질을 벗겨주려 하지는 않고 고작

"그래두 위아래 배꼽일랑 피해 먹어라."

충고한다. 아이 둘이 입 안 가득 사과를 문 채 고개만 한 번씩 주억거린다. 과일의 꼭지와 꽃자리에 농약이 몰려 있어 위험하니 그 부분만이라도 피하라는 어미의 말뜻을 가볍게 받는 저들의 저 시퍼런 젊음이라면 하긴 비상을 삼킨대도 끄떡없

을 거 같다. 괜히 또 꾀죄죄한 걱정을 했구나, 무안해지다가 위험부위를 알려주고 거기를 피하라는 경고가 어찌 꾀죄죄할까 자문한다.

저 사과가 저 고운 빛깔로 저토록 매끈한 몸을 지켜오기까지 얼마나 많은 맹독성 약제를 뒤발했을까. 약효는 먹는 이에게까지 따라붙겠지. 장미의 가시처럼 미인의 교태처럼 고운 빛일수록 향이 짙을수록 위험 지수도 이에 정비례하겠지. 이렇듯 모든 매혹의 색조는 일단 경계의 사인이 아닐까. 요행 저 사과처럼 꼭지와 꽃자리에 독기를 몰아주어 간단히 위험부위를 도려낼 수도 있지만 대개의 독기는 가장 유혹적인 곳에 바짝 붙어, 심한 경우 생명을 담보하도록까지 시치미 떼기도 한다. 일례로 현대의학으로는 완치불능이라는 AIDS는 인간이 성욕구를 남용 오용한 데서 자초한 천형이라지 않나. 세계적으로 첫손 꼽히는 귀금속 가게에서 최고가의 다이아몬드는 살아있는 독사가 지키고 있었다. 뜨끔한 시사示唆 아닌가.

나는 내 몸 어디에 독을 모으고 남의 급소를 노렸을까.

사과의 꼭지처럼 단번에 도려낼 수도 없는 그것이 몰린 곳이 입일까, 눈일까, 손일까, 머리일까, 아니면 정말로 은밀한 그곳일까. 아무래도 입에 혐의가 먼저 갔다. 실제로 나는 크고 작은 말실수를 많이 했다. 깐엔 바른말을 한답시고 상대의 자존심을 건드리고 재치 있는 농으로 튀어보려다 남의 약점을 찌르기도 했고 어떤 두 사람의 뻑뻑한 관계를 풀어보겠다고 오지랖을 폈다가 비웃음을 샀다. 의도적으로 강한 적의를 품고 상대방의 급소를 겨냥하고 화살을 날린 적은 왜 없겠는가. 실로 업장 두터운 나의 네모(口).

그 네모를 언젠가부터 친정어머니 앞에서 꿰맨 듯이 닫게 되었다. 어머니는 응석받이 막내로 기가 세었는데 노년으로 들며 눈물이 많아져 만나면 일단 흐린 얼굴부터 보이려 들었다. 나 말고도 여섯이나 되는 당신 자손들과 그들의 짝들에 대한 섭섭함을 부풀려 읊어대며 한바탕 눈물을 쏟는 게 우리들 만남의 오프닝이었다. 유독 큰딸내미 성정이 둘째나 셋째에 비해 푼푼치 못했으니 급기야 어느 날 나는 그 자리에 없는 동생들과 새사람들을 두둔하면서 어머니의 편협성을 정면으로 꼬집고 나섰다.

내게서 응석을 퇴박당한 어머니는 동생들 집을 돌면서 큰딸의 불효를 얼마나 부풀려댔던지 머잖아 아우들로부터 성토성 항의가 빗발쳤다. 나는 뒤늦게 그분의 노여움의 농도를 가늠하고 좀 아찔했다. 그것이 어머니가 체득한 자식과의 관계회복 술수임을 알기까지, 퇴영退嬰기 노인의 자구책 지혜임을 이해하기까지 나는 나의 가벼운 네모만 저주했다.

어머니는 당신의 울타리인 아들들과의 삐딱해진 관계만 회복될 수 있다면 출가외인 하나 잠깐 회생시킨들 대수랴, 하등 가책 받을 필요도 없었을 것이다. 나이 든 딸내미와 얽힌 관계야 가벼운 변명 한마디로 간단히 풀릴 수 있고 혹여 안 풀린대도 그다지 겁날 거 없지만 아들들과의 관계는 그게 아니리란 어머니 나름의 계산을 가늠한 순간 나도 나름의 분별력을 서둘러 챙겼다. 바로 어머니 앞에서 침묵으로 일관하기였다. 이후 자연 대화가 겉돌았다. 어머니는 또 그게 서운해서

"남의 집 맏딸들은 어미의 친구맞잡이던데 어째 내 딸은 남만도 못하냐?" 며 깊은 한숨이었다. 그러나 나는 이미 '침묵은 금金'으로 무장한 터 그 말씀마저 덤덤히 흘려들으며 결심을 허물지 않았다.

그러나 쓸쓸했다. 모든 관계맺음이, 이처럼 께름칙한 뒤탈이 염려되어 맨송맨송 겉돌아도 되는 걸까. 분별력 없이 솔직했다가 주책이라 매도당하고 선명하게 흑백을 가른답시고 납대다 상종 못 할 밴댕이창자로 낙인찍힌대도 나는 좀 분별없고 싶었다. 깜깜한 침묵보다는, 언제 누가 들어도 무해무득한 전천후성 매끈한 사교성 한마디보다는 더러 퉁맞아 깨지더라도 푼수데기, 주책바가지, 구업口業쟁이들과 코를 맞대고 싶었다. 사람냄새로 부대끼고 싶었다. 구차스런 네모로 하여 수차 옐로카드를 받았음에도 나는 아직 그렇다. 독이 몰린 꼭지건 꽃자리건 상관 않고 사과를 먹어대는 것도 아슬아슬하지만 살점을 저미듯이 두껍게 껍질을 벗겨버리는 신중함도 마음 불편하게 하긴 마찬가지였다. 선문답이나 주고받을 사이가 아닌 바에야 어차피 구업으로 인한 자질구레한 군소리는 따라붙기 마련, 각오하고 그저 웬만큼 트면서 좀 헐거워지고 싶다는 이

말 또한 구업을 하나 더 쌓는 게 되더라도 말이다.

두 애가 사과를 먹고 사라진 식탁에는 위아래 배꼽이 붙어 장구 모양이 된 사과 속 두 개가 나란히 놓여 있다. 미미한 사과 향, 그것은 내 푸른 것들이 풍기는 나무냄새였다. 저들의 네모도 그 냄새만큼 늘 푸르고 정갈하기를 빈다.

(2000년)

분홍 양말

회갑을 맞은 남편이 직장동료들로부터 받은 선물에 곁들여온 소위 '사모님' 몫이 분홍 면양말 세트였다. 나는 그분들의 마음씀에 감사했지만 이왕이면 스타킹이었으면 했다. '이제 나는 스타킹을 선물 받을 나이에서 제쳐졌는가? 그냥 집에서 이런 폭신한 면양말이나 신고 군것질거리를 뒤지면서 진종일 창밖으로 팽팽 돌아가는 세상 구경이나 하란 말이지!' 괜히 생각을 배배 꼬아가자니 제풀에 쓸쓸해졌다. 철 못 들고 덤벙거리다가 육순에 바싹 다가와 버린 자신에 되레 노여움이 붙은 것이다.

나이를 의식하지 않고 살았다. 누가 나보고 젊어 보인다고 하면 그게 뭔가 의젓하지 못함의 다른 표현이려니 싶으면서도 그냥 흥흥거리며 철없이 긍정해 왔다. 그런 배짱으로 어디든 내가고 싶은 곳에 갔고 보고 싶은 것, 듣고 싶은 것, 입맛 맞는 곳에 눈치코치 안 보고 끼어 들었다. 내가 탐하는 곳은 대개 내 나이를 얼마쯤 난감해하는 곳이기 마련이어서 가끔 주최 측을 당황시키기도 했지만 그럴 때도 낭패감은 어디까지나 그 쪽 몫으로 돌리고 내가 민망해 하고 여며주고 싶지 않아 시치미 뗐다. 끼어드는 동기나 목적이 내 잣대로 그다지 기울지 않는 한 나는 좀 뻔뻔해도 될 거 같았다.

그로해서일까. 내게 붙는 수식어가 많았다. 어린, 철없는, 튀는, 착한, 엉뚱한, 끼 있는, 왕내숭, 주책, 소녀, 무공해, 순수, 막내, 여고생, 푼수데기…, 여기에 더하여 어떤 수식어로도 표현할 수 없이 딱해 보일 때 "어이구!"하며 짐짓 주먹을 흔들어 보이는 친지가 있다. 그쯤에서나마 철이 들면 좋겠지만 한참 걸려도 맥이 잡히지 않을 때 나는 안간힘썼다. 내가 아주 많이 잘못 나간 건 확실한데 대체 어디로 얼마쯤 잘못 나간 걸까. 그 뻔한 것도 모른다 어깃장부릴 셈이냐고 재차 통맞을 게 두렵기도 하지만 그렇다고 저들의 감이 내 감으로 잡혀주는 건 아니었다. 전전긍긍하다가 진지하게 내게 묻게 되었다. 일부러 '영 못 자라는 아이'로 남에게 인식되고픈 속셈은 없을까. 내 꼴새가 영 헷갈려서 주먹을 흔드는 이들을 엇비슷 비키면서도 나는 그것을 우산 삼아 어떤 면죄부를 얻어내려는 교활한 의도는 없는가. 기실 내가 부끄러워해야 할 것은 그런 따위 면피성 비겁이 아닐까.

그럼에도 나는 분홍 양말이 서운했다. 나는 양말을 들고

"아직 누구로부터도 이런 선물은 받고 싶지 않아! 앞으로도 몇 년은 더." 소가지 부리고는 수납장에 넣어버렸다. 몇 년 전, 한동안 나는 우리 큰애 또래의 아가씨들과 수평 관계의 직장동료로 일한 적이 있다. 그때 나는 아가씨들과 격의 없이 부니로웠다. 그들이 내게 맘 놓고 감겨들 수 있었던 건 결코 내 나이에 걸맞은 어떤 푸근함 때문이 아니었다. 내 아우들이 늘 불만이듯이 내게는 그런 따뜻한 품은 없다. 아가씨들이 좋아한 건 되레 내 지청구감이던 바로 그 주책스러움이 아니었나 싶다. 그들은 내 둔하디둔한 현실감각을 딱해하지 않았다. 앞으로도 별반 전망 밝아 보이지 않는 내 꿈 얘기를 진지하게 들어주었다. 그 나이 적의 내 고뇌가 지금 그들의 고뇌와 일치할 때 우리는 아이들처럼 손바닥 마주치며 환호했다. 분홍 양말을 선물 받고 서운해 하는 나를 나와 똑같은 함량으로 동조해 줄 그들이 그리웠다.

어느 날 분홍 양말이 눈에 띄었다. 좀 미안해져서 만지작거리는데 누가 내 뒷목을 가만히 누르는 듯 것 같았다. 40년을 훌쩍 넘어 막막했던 저녁 어스름과 분홍양말이 겹쳤다.

겨울 저녁, 나는 혜정이네로 갔다. 그즈음 나는 그간 몸 붙였던 숙모댁을 나올 형편이어서 혜정이네를 드나들며 속속들이 비참함을 과장했는데 그런 과장은 나를 받아주는 이에게 부리는 일종 엄살이었다. 나는 혜정이의 방에 쓰러지는 대로 곯아떨어진다. 과묵한 그는 언제나 내 꽁꽁 언 몸과 맘을 풀어

놓기에 가장 만만한 아랫목이었다. 다음날 새벽 일찍 잠이 깨면 나는 왠지 그가 면구해 슬그머니 도망친다. 그날도 그럴 셈이었다.

“양말 바꿔 신고 가레이. 어젯밤에 짜놨니라.”

혜정이가 잠결엔 듯 말하면서 손을 뻗는 곳에 양말 한 켤레가 놓여 있었다. 분홍 털실을 두 겹으로 꼬아 짠 폭신한 분홍 양말, 돌아온 탕자처럼 반 거지꼴로 쓰러진 나를 내려다보며 밤새 양말을 짰을 혜정이. 가슴 한 귀퉁이가 쿵 내려앉고 있었다. 양말을 집어 주머니에 찔렀다.

“또 와.”

문 여는 소리를 듣고 혜정이가 역시 잠결엔 듯 말했다.

혜정이가 저 혼자 대학에 진학한 걸 내게 얼마쯤 미안해하리란 생각은 어이없게도 나를 든든하게 했다. 그게 당연하다고 그게 의리라고 고개를 끄덕이면 가슴이 훈훈해졌다. 마음을 말로 표현하거나 하마 표정으로라도 나타내어 가제 잘 꼬이는 내 심사를 다칠까 봐 일부러 무덤덤하게 화제를 멀찌감치 돌릴 혜정이를 생각할 때 나는 달콤했다. 새 옷을 산 혜정이가 내게 먼저 입히며, 짐짓 ‘때 좀 묻혀 달라’고 부탁하면 내 속에서 또 더운 기가 솟구쳤지만 능청스럽게 ‘액땜해 줄 테니 돈 내라.’ 했고 새 옷을 서슴 죽여 반납하면서 국수를 얻어먹었다. 분홍 양말은 끝내 되돌려주지 못 했다. 그것은 내 스무 살의 지겹고 긴 겨울을 녹여주며 얄따랗게 녹아갔다.

"이런 선물을 받고 싶지 않아." 앞으로도 몇 년은 분홍양말을 타박할 거 같다. 아, 단 한 사람 그로부터라면 예외다. 내 생애 가장 추웠던 스무 살 겨울의 친구 혜정이.

(1998년)

홑저고리

– 할머니 죽지 마아

어머니가 거의 두 해 터울로 아기를 낳는 바람에 맏이인 나는 일찌감치 할머니 차지였다. 어머니 성정이 본디 좀 쌀쌀해서 할머니한테 혹 새엄마 아니냐고 물었을 정도였으니 내가 어머니 품을 벗어나 허했던 기억은 없다. 그러나 괜한 노여움이 많아 걸핏하면 울음을 터뜨렸는데 아마 어머니 품을 벗어난 허함이 속으로 가라앉았다가 엉뚱한 데서 투정이나 울음으로 터지지 않았나 싶다.

어릴 때 할머니에게서 몇 개의 민요를 들었다. 대개 슬픈 곡조였다.

"아침 바람 찬 바람에 울고 가는 저 기러기. 엽서 한 장 써 주시오. 편지 한 장 써 주시오."

"새야 새야 파랑새야. 녹두밭에 앉지 마라. 녹두꽃이 떨어지면 청포장수 울고 간다.”

“자장 자장 우리 애기 잘두 잔다. 우리 애기. 멍멍개야 짖지 마라. 꼬꾜 닭아 우지마라.”

더 슬픈 것도 있다.

“타박타박 타박네야. 너 왜 울고 어디 가니. 우리 엄마 산소에 젖 먹으려 간단다. 가지 주께 가지 마라. 업어주께 가지 마라. 가지 싫어. 업어 싫어. 나는 나는 갈 테여.”

가장 참을 수 없이 슬픈 노래는 이것이었다.

“한 살 먹고 어메 죽어 두 살 먹어 아베 죽어….”

이 노래는 고아가 된 세 살배기가 외가로 몸 붙이려 갔는데 서당 선생이던 외삼촌은 글을 가르치다가 서산대로 밀어내고 외숙모는 불 때다가 부지깽이로 밀어내어 어린 아가는 갈 데 없이 떠돌다가 굶어 죽어 꼭두각시 귀신이 되었다는 노랫말에 맞게 그 가락이 목메게 슬펐다.

할머니는 실제로 그 노래를 부를 때 꺽 목이 멨다. 그러면 나는 덩달아 목이 메었고 할머니가 다음 구절을 이어가기도 전에 벌써 입술을 비죽거렸다. 어느 날 밤 할머니는 꿈꾸면서 심하게 목이 꺽꺽거리고 목젖을 떨고 가슴을 할랑거렸다. 가까스로 깨어난 할머니는 함경도 어디로 시집가 영 소식이 없는 당신의 막내딸이 아주 조그마해져서 산굽이를 돌아가더라며 울먹거렸다. 할머니가 아무리 부르며 따라가도 나비 날개만 한 치맛자락을 팔랑거리며 아이는 아슴아슴 멀어지고 다시 산

굽이를 돌면 또 나비 날개가… 나는 할머니의 끈적끈적한 젖가슴에 이마를 비비면서 기어이 울음을 터뜨렸다. '할머니, 꿈꾸지 마. 꿈꾸지 마아.'

그 후로도 할머니는 그 노래를 부르며 목청을 기껏 높이려다가 휘익 한번 돌려서는 애절하게 떨어보고 푹 내리꽂았다가 한참 만에 숨을 들이마셨다. 노래를 일단 그렇게 마치지만 할머닌 잠깐 쉬다가는 아주 멀리서 들려오는 것 같은 가느다란 소리를 뽑아 길게 끌기 시작했다.

대개 여름밤이었다. 나는 슬그머니 할머니 노랫가락으로부터 빠져나온다. 나는 혼자다. 나는 할머니보다 더 먼산바라기가 되어, 할머니보다 더 늙은 듯, 할머니보다 더 한이 많은 듯, 할머니보다 더 깊은 한숨을 내쉬고 할머니보다 더 적막한 숨죽임을 하다가, 결국 할머니보다 더 먼 길을 돌아온 듯 노곤해져서 다시 할머니의 노래 가닥을 붙잡는다. 단조로운 곡조로 이어지다 끊어지고 다시 이어지는 할머니의 노래는 여러 개 겹쳐진 동그라미처럼 잠결의 나를 겹겹 휘감았다. 나는 그 환環을 돌며 죽어라고 소리친다. "죽지 마! 할머니 죽지 마아!" 환環의 한 귀가 무너지면서 나는 와르르 울음을 터뜨린다. 어른의 곡소리만큼 청승이라고 호되게 퉁을 맞던 그 울음.

"꿈얼 워디 내 맘대로 꿀 수 있간디…?" 할머니의 무력한 한숨이 내 얼굴을 덮고 그 위에 내 치맛자락이 덮인다. 그 위로 물레 소리, 모기 소리, 한숨 소리가 물너울로 끼얹힌다. 할머니가 맘대로 할 수 없는 게 있다니? 아, 나는 이제 어쩌나 할머니가 죽으면 나는?… 나도 죽어야지!

열여섯 살에 할머니 품을 떠나 서울로 진학해 숙부댁에 유숙한다. 할머니가 보고 싶어서 청승떨다 숙모의 놀림감이 되었다. 첫 겨울방학을 맞아 귀향했을 때 할머니는 병석에 있었다. 나를 보자 암말 없이 당신의 쿰쿰한 가슴팍으로 끌어당겨 안고는 후들후들 떨었다. 개학을 며칠 앞두고 할머니는 타계했다. 꿈에서라도 보고지고를 뇌던 막내딸을 못 봐서일까, 가느스름 실눈을 뜨고 있었다.

그때 누군가가 할머니의 홑저고리를 지붕으로 날리며 혼을 불렀을 것이다. 그리고 그때 비로소 내 유년의 껍질이 벗겨져서 지붕 위를 휘돌다 날아갔을 것이다. 죽은 사람은 산 사람에게 어떻게든 자국을 남기고 산 사람에게서 무엇인가를 가져간다고 어른들은 말했다. 할머니들은 더 많이 남기고 더 많이 가져갈 것 같았다.

나는 지금도 가끔 낡은 초가지붕에 얹힌 할머니의 홑저고리를 본다. 홑저고리 끝으로부터 줄줄이 파랑새, 타박네, 꼬대각시가 딸려 나오지만 그뿐, 나는 할머니가 내게서 가져간 것 하나도 찾아내지 못한다.

(1997년)

아버님, 첫눈이 푸지지요?

시골에서 어설픈 시집살이를 시작한 지 한 달 남짓이던 어느 날, 겨울 하늘이 낮았다. 새참으로 고구마를 삶는데 갑자기 아궁이로부터 검은 연기와 함께 왈칵 불길이 거꾸로 몰려나왔다. 나는 뒤로 엉덩방아를 찧었다가 잽싸게 부엌 뒷문을 박차고 뛰어나갔다. 한참 매운 눈을 닦는데 먼지 같은 게 볼을 스칫거렸다. 그해 첫눈이었다. 삶은 고구마를 안방에 디밀고 나는 마루에 걸터앉았다. 출가 전, 방바닥에 배를 깔고 엎드려 소설책을 읽던 혼곤한 게으름 쪽으로 마음이 누그러지려 했다. 그때 안방에서 나오신 아버님이 곧장 낫을 찾아 들고는 수채에 붙박아둔 숫돌 앞에 앉았다. 그 사이 눈송이는 부풀어서 하늘이 좀 더 아슴아슴해졌다.

"…눈이 오는데요?"

나무를 자르러 가실 거냐는 내 물음에 아버님은 혼잣말처럼 "이깟 터럭 눈! 이런 날 나뭇가쟁이가 살짝 얼어서 잘 분질러지지…."하며 낫을 계속 갈았다. 아버님의 도두룩한 핫저고리 등 위로 사분사분 내려앉은 눈은 낫갈이 잔 몸짓에도 흩어지지 않았다. 그런 채 아버님은 바지게에 날이 희게 선 낫 두 자루와 새끼 타래를 얹고 뿌연 대문 밖으로 나갔다.

"…들어가지, 뭘."

뒤따르는 내게 아버님은 돌아보지도 않고 한마디 던졌다. 아버님은 아직 새 며느리를 낯가림한다. 그건 거의 수줍음에 가깝다. 당신에게 내려진 분복에 그냥 직수굿하신 성정이 푸근해서 처음 뵌 순간부터 나는 턱없이 당신 쪽으로 당겨졌는데, 그분은 아직 나와 눈길 마주치기도 버거워 저만큼에서 피하시는 게 역력하다. 되레 내가 바짝 어렴성 없이 나부대고 싶어지는 이유이다. 대문에 기대섰던 나는 넓은 마당 가득 판판하게 펴진 눈 위에다 발자국을 찍어 갔다. 눈은 아주 가벼워서 발을 디딜 때마다 발자국의 크기보다 넓게 폴삭폴삭 날렸다.

"아이구나! 새 새댁 아녀?"

한 떼의 마실꾼들이 색색가지 타월로 머리를 싸 가리고 양팔을 엇갈려 겨드랑이에 끼고 종종걸음으로 온다. 그들은 한껏 높고 들뜬 소리로 시골 눈 구경 맛 어떠냐, 집 생각 안 나냐, 한마디씩 하고는 안방 문을 벌컥 열었다. 와하하 웃음소리가 터져 나왔다.

그날 해질녘 아버님은 지게에 아주 높이 나무를 쌓아 지고 왔다. 나무단 위에는 그분의 성정인 듯 희고 푸짐한 눈이 덮개처럼 씌워져 있었다. 나는 "첫눈치곤 아주 푸지지요?" 하려다가 아버님의 빨개진 콧등이 송구스러워서 그냥 지게 뒷다리를 조금 만져보고 말았다.

(1998년)

조선 개똥이

언제부터인가 일상용어 속에서 알게 모르게 금기시되어 자취를 감춘 단어 중에 '조선'이란 말이 있다. 어떤 단어 앞에 이 '조선'이란 말이 붙으면, 마냥 소박한 것, 가장 우리 것다운 것으로 쑥 다가왔고 얼마쯤은 진국이라는 다소 예스런 의미의 어떤 향수까지 묻혀와 단박 유년기 저쪽을 기웃거릴 수 있었는데. 가령 '조선 참외'하면 개구리참외나 작고 동글반반하고 샛노란 참외를, '조선무'하면 짤막하고 통통하고 속이 단단해서 날 것으로 먹기는 맵고 빽빽하지만 일단 김치류로 갈무리되면 긴 겨울을 나고도 다음해 한여름까지 생생하니 든든한 밑반찬으로 버텨주는 무를 일컬었던 것이다.

조선간장은 어떤가. 햇콩을 오래 삶아 빚어 띄운 메주로 역시 제 입맛에 간 맞춰 담근 재래식 장, 이것에 '조선'이란 구별

칭호가 붙게 된 건 싱거운 간장이 건강에 좋고 어쩌고 하며 화학간장이 득세하면서부터일 것이다. 조선 밤, 조선 닭, 조선 옷으로 불리던 우리 것들은 또 다시 토종닭, 한복으로 개칭되어 호응하니 마치 내 대신 내 자리를 차지한 이를 보는 느낌이 들어 한동안 서먹했었다.

더러는 민감하게 시류를 타기도 하고 더러는 나라님 입맛 때문에 발음해서는 안 되는 말로 '조선'은 그렇게 스러져갔다. 온갖 '조선'스런 것들, 특히 맛깔스런 먹거리들이 개량되어 시큼들큼한 국적불명의 맛에 모양새까지 바뀌면서 좀 촌스럽다 싶은 건 모조리 '신토불이'로 뭉뚱그려진 지 오랜 지금도 나는 별 수 없이 어릴 때부터 혀에 배어든 그 '조선' 맛에 끌리니 내 이 입맛마저 어디에 신고를 해 허락받아 누려야 할 사안은 아닌지 모르겠다.

얼마 전 초등학교 동창생 개똥이의 짓궂은 행티를 떠올리다가 그의 별명 앞에 '조선'을 붙여보니 희한하게도 한결 더 그다운 맛이 돌아 혼자 웃은 적이 있다.

초교 동기인 개똥이를 다시 본 건 몇 년 전 서울과 고향 당진의 중간쯤인 온양에서 열린 근 사십 년 만의 초등학교 동창회에서였다. 장년을 훨씬 넘긴 동창생들은 저마다 나름의 '자리'가 잡혀 처음 분위기는 다소 서먹했다. 기업체사장, 농사꾼, 한의사, 쌀장사, 대학교수, 운전기사, 시인, 생활설계사, 보석상 등, 그들 누구도 먼저 손 내밀지 않았기 때문이었을 것이다.

그런 분위기에서 걸쭉한 상소리로 안하무인 회의장을 휘젓는 이가 개똥이었다. 새까맣게 그을린 얼굴에 누르무레한 점퍼를 걸친 게 갈 데 없는 촌로, 시커먼 눈썹과 우람한 허우대는 여전했다. 그 입에 붙은 상소리 때문에 동기 여학생 쪽에서 저런 망종과 자릴 함께 하는 게 자존심 상한다는 짜증스런 비명이 거푸 터졌다.

"야잇, 배워 처먹은 놈덜아! 서울 놈덜아! 나라나 동네나 드럽게 후질르는 놈덜은 다 늬들 배워 처먹은 놈덜이더라 이겨! 나 같은 촌 무지랭덜이야 평생 땅이나 파고 여펀네의…."

원래 그런 모임이라는 게 회장의 개회사가 끝나자마자 술잔 나르기가 시작되면 이어 예제서 고함이 터지고 유행가 뽑고 삽시간에 헝클어지기 마련임에 웬만큼은 익숙해질 연배들임에도 개똥이의 건주정엔 난감하다는 눈길이었다. 그 판에서 나는 '후질른다(더럽힌다)'는 고향 사투리를 듣자 속이 훙건해졌다. 까마득한 할아버지 대부터 살아온 당진 토박이지만 나는 아직도 따라잡기 막막한 고향 사투리가 적잖다. 충청도 특유의 배배틀린 어투로 쉬이 내비치지 않는 그 메슥한 안개속셈 헤아리기까지 한참 걸릴 때가 많다. 그 모두가 그리워졌다. 그것들, 질기고 눈치 없는 것들, 그러나 끝내 불변으로 남는 것들, 결국 그리운 그것들이 갑자기 당겨지면서 나는 그날 내내 개똥이 쪽으로 목을 빼느라 동창회는 건성이었을 것이다.

초등학교 때 개똥이는 교내 망종이었다. 특히 우리 조무래기 계집애들에게 그는 흡사 하늘을 덮는 매였다. 화장실을 휘저은 막대 끝에 시커먼 시궁 흙을 찍어 들고 유독 고운 분홍 명주 치마만 좇았고 놀이 고무줄을 물어 끊거나 길들인 사방치기 말목을 차고 달아났다. 그의 짙은 눈썹과 검고 큰 눈은 늘 음습해 그가 해코지할 의사가 전혀 없어 보일 때라도 우리는 저만큼 에둘러 그를 피하게 되었다.

그런 그가 딱 한번 불쌍해 보인 적이 있다. 자기보다 키 작은 상급생으로부터 심하게 뺨을 맞느라고 몸이 어리저리 기우뚱거릴 때였다. 무엇보다 늘 심술기를 담고 번들대던 두 눈이 착 내리깔려 있는 걸 차마 바로 볼 수 없었다. 그간 그에게 직간접으로 당한 분풀이로라도 '깨소금 맛이다!'할 법한데 그게 아니었다. 엉뚱하게도 나는 그의 뺨을 쳐대는 상급생에게 강한 적의가 부풀고 있었다. 개똥이가 가만히 서서 뺨을 맞고 귀를 끌리고 그러지만 말고 냅다 그 상급생을 메다꽂기를 바랐다.

그의 얘기를 다시 듣게 된 건 내가 동기생 C와 혼인해 잠깐 시댁에 머물 때였다. 시댁에서 작은 재빼기 하나 너머에 선무당 '개똥어메'가 산다 했다. 개똥어메는 우리 친정 마을에서도 가끔 우환이나 치성致誠굿에 불릴 만큼 근동에 알려진 무당이었는데 개똥이가 바로 그의 외동아들이었던 것이다. 개똥어메의 탁한 목청과 당당한 체구와 시커먼 눈썹이 그대로 개똥이에게 내림했음이 단박 눈어림 되었다. 굿터에 불려 다니느라 드나듦이 불규칙했을 과부 선무당의 외동아들이 혼자서 어떤 성장기를 보내야 했을지도 짐작이 갔다.

그 망종 개똥이가 바로 초등하교 시절 약골이던 남편 C의 전담 업저지였을 줄이야. C는 일곱 살에 집을 떠나 할머니와 큰댁에 살았다. 태생부터 그늘의 밀대처럼 약해서, 집안 식구들의 걱정 반 고임 반의 애물단지였데 여름이면 맡아 놓고 학질瘧疾에 걸렸다. 그 병의 특징이 하루는 정신이 오락가락 할 만큼의 고열로 혼을 빼내고 다음 날은 말짱하고 그 다음날 아침나절까지도 생생하다가 한낮이 기울면서는 영락없이 흐물흐물해지는 악질惡疾이었다. 이 병엔 느닷없이 놀래주면 낫는다는 속설이 붙어 있어 열에 들뜬 채 끌려 나가 송아지와 입맞춤을 당하거나 뒷간 바닥을 핥으라는 아버지의 명령에 꼼짝없이 그 짓을 했던 기억이 내게도 있었다.

학질 걸린 채 등교했던 C는 결국 조퇴를 한다. 당시 아픈 학생들에 대한 담임선생님의 선심성 배려란 고작 조퇴를 허락하는 것이었고 그럴 때 근처에 사는 아이 하나를 보호자 겸 딸려 보내주는 게 상례였으니 개똥이가 매번 C에 붙는 보호자였다. 그로선 재미 하나 없는 교실을 벗어날 수 있었던 절호의 기회, '감보다 고욤이 단' 이른바 활인活人이었음직하다. 개똥이는 체수 작은 C를 업고 내를 건너고 들길을 걸었다. 배고파 죽겠다면서 풀밭에 C를 부리고 함께 누워 하늘을 바라보기도 했다. 그가 축 늘어진 C를 업고 대문을 들어서면 할머니는 손자를 받아 방에 눕히는 바람으로 서둘러 개똥이의 밥상부터 차렸다.

"그때 개똥이가 워찌나 밥을 달게 먹던지." 할머니가 회상하더라 했다. 입이 짧아 밥알을 헤듯 되새김질만 하는 손자만 보다가 소담한 개똥이의 밥숟가락이 얼마나 부러웠을까. 할머니는

"에미가 밖으로만 나도니 월마나 허기졌을 거여?" 늘 혀를 찼다 했다. 아니나 다를까 동창회에서 오랜만에 만난 C에게 개똥이가 한 첫마디 역시

"나, 느네집 밥 많이 축냈지!?" 였다. 이어 그는 말했다.

"나 지금은… 밥은 먹구 살어."

'밥은 먹고 산다'는 말은 자기 살림이 꽤 실하다는 충청도식 표현이다. 나는 괜히 고맙다. 어린 날 허기진 개똥이이에게 박혔을 다디단 남의 집 밥맛 기억이, 개똥이에게 업혀 오며 죽음을 넘나들었다는 C의 엄살을 밀어내고 내 콧마루를 시큰 쳤다. 아무리 체구가 작다 해도 비슷한 또래인 환자를 업고 한여름 땡볕 아래를 걸었을 어린것의 허기를 먼저 헤아린 할머니. 당신의 아픈 손주 두 번 안 돌아보고 서둘러 서둘러 개똥이의 밥상부터 챙긴 할머니가 고마워서 새삼 나는 가슴이 후끈한다. 안 그랬다면 당신은 내 남편의 할머니, 조선의 어머니가 아니다!

동창회는 동요잔치로 끝막음되었다. 중노에 접어들어 모두 한덩이로 어깨 겯고 부르는 어린 날의 동요는 우리를 금세 그 조붓한 시골 운동장으로 끌고 갔다. 누구라 거기서 쉬이 나오

려 하겠나. 가까스로 얽힌 어깨들을 풀고 대강 서울행, 당진행 버스에 나눠 탔고 버스기사가 거푸 경적을 울려대는데도 몇몇은 아직 차 밖에서 밀고 당기며 비틀거리고 있었다.

바로 그때, 내가 앉은 차창 밖에서 뭔가 눈길에 걸려오는 게 있었다. 개똥이였다. 그는 한손에 남편 손을 틀어쥐고 다른 한손으로 다급하게 반원을 그려 나에게 차에서 내리라는 신호를 보냈다. 내가 앉은 채 가만히 고개만 저었더니 그는 눈을 딱 부릅뜨고 이를 악물어 화난 표정을 지었다. 나도 힘껏 고개를 저었다. 개똥이의 팔짓이 느려지고 그 거뭇한 눈에 어떤 간절함이 담겼다. 자조나 비애 같기도 했다. '저런 눈을 묵살하면 두고두고 마음에 짐이 된다.' 나는 벌떡 일어나 튀어나갔다. 개똥이는 나와 남편의 손을 놓칠세라 양손에 하나씩 움켜쥐고 노천 커피점을 향해 거의 부르짖었다.

"여기요, 커피! 비싼 걸루다가 빨리 두 개!"

나는 그가 건네는 커피를 억지로 마셨다. 개똥이는 그러는 나를 흐뭇하게 바라보며 말했다.

"늬들, 잘들 살어 잉? 잉?"

개똥이는 친정오라비처럼 양팔에 싸안았던 우리 어깨를 힘껏 조였다가 풀었다. 처음으로 가까이 본 개똥이의 눈은 더없이 맑았다. 그 눈에다 거푸 고개만 끄덕였다. 그 이름 앞에 '조선'이름을 붙인 건 한참 후였다.

(1998년)

새엄마 선보기

마혼을 넘긴 친구가 재혼 상대를 선 봤는데 그쪽에서 자기 아이 셋을 데리고 방문하겠다 하니 함께 있어달라는 부탁을 해 왔다. 마침 내 큰애와 그 친구가 선봤다는 상대의 큰아들이 같은 학교 같은 반이었다. 친구는 큰애와 동반하라는 말을 덧붙였다. 그러마고 했다. 버스를 타고서야 친구와 나눈 대화가 생각나 피식 웃음이 나왔다. 친구의 신랑후보가 솔직히 털었다는 말이 이랬다.

"나는 내 아내감이 아니라 세 아이들의 엄마가 필요하오. 나는 내 맘에 드는 여자보다는 아이들 맘에 드는 여자와 재혼하겠소." 하고는 이어서 특히 현재 고 2생인 자기 큰아들의 눈에 들었으면 좋겠다고 강조하더라는 것. 그러므로 이번에 세 아이를 대동하고 예비 처가를 방문하는 남자의 목적은 새엄마 선보기였던 것. 친구는 일단 남자 쪽 큰아들의 눈에 들 필요가 있는 것. 친구는 그 남자의 아들애에게 잘 보여야할지 못 보여야할지 헷갈린다면서 기가 차다는 듯 웃음을 터뜨렸다.

"내참, 살다 살다 별꼴 다 본다. 이런 선보기도 있다니?"

오간 말투들로 보아 당사자끼리는 웬만큼 당겨진 눈치였다.

현관이 술렁거리더니 빼빼 마르고 눈꺼풀이 두 겹이나 접힌 한 신사가 본디 표정이 그런지 새침하게 먼저 들어섰고 그 뒤에 세 아이가 따라붙었다. 나도 모르게 친구의 칠순 노모의 표정부터 살폈다. 팔자 기구한 분이었다. 자식은 어찌어찌 일곱이나 낳았지만 신혼 초부터 외간 여자와 나돌던 남편은 끝내 배다른 아이 다섯을 안겨주고 타계했다. 게다가 큰딸인 내 친구보다 먼저 혼인한 둘째, 셋째가 외소박이니 이혼이니 속을 한바탕 썩이고 갈라서면서 어린 손자 둘을 또 안겼다. 마침내 여섯 동생 뒤치다꺼리하느라 한참 늦은 나이에 시집간 내 친구마저 꼭 보름 만에 갈라섰으니 상대가 겉만 뻔드레한 성격파탄자였던 것. 아무튼 이제 친구 어머니의 단 하나 소원은 큰딸이 수수한 짝 만나 순순히 살아주는 것일밖에 없으리라.

친구 어머니는 두 눈을 사르르 감았다가 떴다. '아이가 줄줄이 셋씩이나!' 새삼 기가 차는 듯도 싶고, '아무려나 제발 잘 되었으면' 하는 기대 반 체념 반일 듯도 싶고, 그냥 '어찌할꼬!' 한숨 같기도 했다. 친구는 일단 웃는 낯으로 반갑게 손님들을 맞아 방석 위에 각각 앉혔다. 나와 아들애는 어디에 어떻게 자리 잡아야 할지 몰라 서성대다가 우선 저편 애들 쪽에다 눈길을 돌리고 큰애를 비켜 둘째인 여학생에게 말을 붙였다. 어느 학교 몇 학년이냐, 예쁘게 생겼다, 앞으로 자주 만날 수 있기를 바란다, 입에 발린 소리만도 아닌 것이 나 역시 이제는 '친구만 좋다면야….'하는 심사였던 것이다. 재주 있고 출중한 외모 때문에 따르는 남자들도 많았지만 아버지 대신 여덟 식구의 의식주를 책임지느라 어찌어찌 늦어진 결혼, 부모복도 없더니 남편 복까지 얇아 재혼까지 해야 하는 친구가 안쓰럽고 아깝고 억울했지만 그냥저냥 타협하자 싶기도 했던 것이다.

그쪽 아이들은 일제히 입을 꼭 다물고 있었고 내가 보는 한 그 집 큰애는 단 한 번도 새엄마감을 쳐다보지 않았다. 신랑후보 역시 묘하게 목을 비틀어 내내 신부감을 외면하고 쌍겹눈이 방바닥과 천장만 오르내렸다. 일부러 당당하려는 안간힘도 같았다. 자기의 강한 성격을 한껏 과장해서 다소 위악적으로 보이려는 듯도 싶었다. 맹할 만큼 순진한 여자는 일쑤 저런 표정에 노예처럼 감겨들지도 모른다고 나는 슬슬 꼬여가고 있었다. 무례해 보였다. 어찌 보아도 그는 그럴 계제가 아니었다. 과람한 상대녀의 7순 노모 생면 자리였다. 꿀릴 데 하나 없어도 일단 수굿하고 볼 자리이거늘 어디라고 뻣뻣 등골 세우는가. 저런 몰염치로 감히 아직 태깔 고운 내 친구를 생심 냈단 말인가.

원래가 말수 적고 사교성은 빵점인 우리 큰애과 별 차이 없어 뵈는 그 집 큰애도 두어 번 의례적인 웃음을 나눴을 뿐 어른들과 겨루기라도 하듯 침묵했으므로 빽빽한 분위기를 푸는 데 조금도 도움이 되지 않았다.

맛깔스런 점심상 두 개가 들어왔다. 친구가 상 앞으로 다가 앉으라고 여럿에게 권하면서 적당히 좌석을 안배했다. 자연스럽게 어른은 어른끼리 아이는 아이끼리 상 앞에 앉았다. 내가 눈치껏 '아무튼 어머니 음식 솜씨는 문화재감'이라는 등 몇 마디 풀어보려 했으나 분위기는 조금도 풀리지 않았다. 묵묵히 숟가락질만 하고 묵묵히 과일을 먹고 커피를 마셨다. 그 남자는 올 때와 똑같은 표정으로 아이 셋을 꽁지에 달고 사라졌다. 이상하게도 자존심 강한 친구가 별반 기분 사나운 얼굴이 아니어서 다행이다 싶으면서도 나는 또 그게 안 돼 보여 짠했을 뿐이다.

양편의 침묵으로 혼담은 슬그머니 무산되었고 한동안 후에 친구가 말했다.

"그 사람 맘은 착했어. 애들부터 챙기는 거 봐. 근데 정말 난 착한 엄마 될 자신이 없었어. 착한 마누라 될 자신도." 나는 착한 마누라나 착한 엄마는 연극 속에나 있지, 하려다가, 잘 그만 뒀다. 입때 있다가 하필 그런 자리로 갈 게 뭐냐고 고쳐 말했다

"그런 자리?" 친구가 가스러지게 반문했다.

"그 사람 염치 좋게 마누라가 아니라 애들 엄마가 필요하다 했다면서?" 이악스런 내 말투에 친구는 곧 대답을 하지 않다가

풀죽은 음성으로

“그것까진 괜찮은데…. 그 사람 어쩐지 곧 죽을 거 같은 예감이 든다!?”

하는 게 아닌가. 섬뜩했지만 가볍게 걱정두 팔자다, 하려는데 친구가 먼저

“그 사람 죽으면 나 혼자 그 애들을 어떻게….” 말끝을 흐렸다. 마치 꼭 해야 할 일을 떼치고 가책 받는 어투였다. 그는 그랬다. 불쌍한 사람을 나 몰라라 못했다. 개통한 지 얼마 안 된 시내버스를 탔을 때 승객이 자기 하나뿐이어서 운전기사에게 미안해 내릴 곳을 지나쳐 괜히 한참을 더 가줬다는 친구다. 나는 혹여 그 남자에게 그 분수없는 측은지심이 발동할까 봐 조바심이 났다. 당장 과부가 될 제 걱정은 않고 남의 애들 길러낼 생각부터 하다니, 그 친구의 본성을 모르는 이에겐 겉꾸밈 말로 들릴 수도 있으리라. 그러나 그는 할 수 있다면 망부의 자식을 충분히 지킬 사람이었다.

얼마 안 가 그 남자가 위암으로 세상을 떴다는 소문을 들었다. 나는 친구가 그와 얽히지 않은 것에 가슴을 쓸어내렸다. 맞선볼 때 이미 시한부 선고를 받은 후였을 것이다. 그 판에 재혼을 꿈꿨던 심보가 새삼 괘씸했다. 오직 바람직한 아버지가 되려고 그런 몰염치가 되다니, 내리깎다가 억지로 그 남자 입장이 돼 봤다. 그는 정말로 아이들의 엄마가 필요해서 찾았고 그 의도를 드러낼 만큼은 정직했다. 그러나 거기까지, 자기

의 짧은 시한부까지는 차마 틀 수 없었으리라. 오직 아이들 어미를 놓칠 수 없어서 딱 한 번 비겁할밖에 없었으리라. 어버이의 본능은 이만큼 이기적일 수 있을 것이다.

"아무리 그렇더라도!" 나는 그를 용서할 수 없다. 자기애들의 전정이 중하다면 한 여자의 전정도 중요하고 그녀의 7순 노모도 중요하다. 여자 편에서 자청하지 않는 담에야 그런 혼인은 꿈도 꿔서도 안 될 일이었다. 그런 줄도 모르고 그날 남자 표정이 너무 삭막하고 애들도 냉랭해서 더는 친구에게 혼인을 부추길 마음이 아니었던 게 다행이라고 나는 이악스런 중년 아낙답게 가슴을 쓸어내렸다. 한동안 후 남자의 세 아이는 잘 성장했다는 소식을 전전으로 들었다. 몇 년 후 친구는 내 맘에도 쏙 드는 상대를 만나 재혼에 성공했다.

(1997년)

칼잽이의 누이

50여 년 전 직업의 귀천이 엄연했던 시절, 나는 몇 번 칼잽이의 누이였다. 석봉이의 아버지 한 서방이 백정白丁이었다. 그는 본디 어엿한 양반이었으나 조상 어느 대에서 역모에 연루되어 멸문지환을 면하려고 땅을 치고 통곡하며 족보를 땅에 묻고 남부여대 떠돌다 정착한 곳이 충청도에서도 귀지고 귀진, 잔반殘班 냄새 매캐한 '당진 구석'이었다 했다. 입에 풀칠하기 위해 칼을 잡지 않을 수 없었노라는 그럴싸한 한풀이를 심지 굳은 어른들에게 가끔 튼다는 그는 칼잽이치곤 언행이 무겁고 분별력 있다 공론 도는 인물이긴 했다. 양대 명절 앞둔 늦저녁 소고기 근을 끊어 들고 가난뱅이 양반부스러기 앞에 이마를 조아리곤 했는데 아마 그쯤에서 자기 내력을 텄던 듯싶다.

그 포한을 풀고 싶었으리라. 한 서방은 아들을 낳자 제발

평생 붓대나 놀리며 살 수 있는 이름을 주십사 훈장 어른께 청했다가

"석봉이라면 제격이겠네! 명필 한석봉!" 차마 면전에서 부탁을 거절 못한 훈장, 삐딱하니 그의 성을 들먹여 주었다던가. 해서 이름을 얻긴 했는데 석봉이는 진자리를 벗자마자 어미를 잃는다. 한 서방의 후살이 아낙이 추연이라는 갓난애를 달고 오는 바람에 한 서방은 그답 가봉녀의 아비가 된다. 목청 높다란 계모 밑에서 석봉이는 동네 얘깃밥으로 씹혔다. 그들 두 계모자 사이의 험한 관계가 한둘 동네 아낙들의 입을 거치면서 점점 흉흉하게 부풀어 어린 나는 석봉이의 퍼렇게 멍든 얼굴을 볼 때마다 살았나 죽었나 찬찬히 살펴보곤 했다.

석봉이는 초등학교를 다니는 둥 마는 둥 한사코 도수刀手기술에 눈을 쏜다. 한 서방은 아들의 그런 성향을 잘라내려 호되게 다루고 쫓아내기도 한다. 쫓겨난 석봉이는 동네를 떠돌며 도둑질하고 조무래기들을 두들겨 팼다. 이에 자연 껴묻혀 팥쥐어멈이 된 계모는 억울타, 복장 터진다, 왜장쳐 동네를 불끈불끈 뒤집었다. 어린 내게 그녀는 이 세상에서 가장 무서운 괴물, 멀리서 보여도 오금이 저린 존재였다.

내가 서울에서 여고를 다닐 즈음 당진과 서울을 잇는 교통편은 고작 하루 한 대의 완행버스였다. 새벽 일곱 시쯤 출발하는 서울행을 타기 위해 두어 시간 전쯤부터 차부에서 기다렸다가 버스에 올랐다. 버스는 수도 없이 멈춰서 손님을 태우고

내려주느라 거의 열 두 시간 만에 서울에 닿았다. 하행 버스도 이와 같았다. 차멀미가 심한 나는 그 긴 비포장 도로 여정에 매번 초죽음이 되어 목적지에 닿으면 한동안 차멀미를 추슬러야 했다.

그날도 나는 차부에 내려 보따리를 팽개치고 쭈그려 앉아 멀미를 달래고 있었을 것이다.

"…지금 서울서 오는 겨?" 누군가 내 보퉁이를 집어 들며 물었다. 혹시 우리 집 애머슴이 장에 왔다가 우연히 나를 발견했나 싶어 눈을 치뜨니 석봉이가 어색하게 웃고 있었다. 이제 막 머리를 뉘어 빗기 시작한 십대 막바지였다. 나는 주변부터 살폈다. 누가 우리를 보고 양반 아무개네 딸내미가 칼잽이 아들하고 수작하더라 말발에 오르면 어쩌나 겁났던 것이다.

"동상, 내가 조오기까지만 이거 들어다 주께." 석봉이는 벌써 보퉁이를 들고 앞장서고 있었다. 동생이라니, 망측해라! 그러나 싫은 기색을 보이면 그의 나쁜 행티가 튀어나올지 몰라 나는 가만히 따라 일어섰다. 그가 나를 동생이라 부른 건 그의 의붓동생 추연이가 나와 동갑임에 근거한 호칭이었을 것이지만 나는 내내 찜찜한 얼굴로 걸었다. 석봉이는 그때 버스정류소 근처 한 서방의 육간에서 단단히 한몫하고 있었다. 서울에서 내려오는 손님들은 대개 정육점에 들러 쇠고기를 사는데 석봉이는 근처를 어정거리다 손님을 채 육간으로 끌고 갔던 것이다. 그날도 그러다가 나를 발견했으리라.

"동상은 좋겄네! 여자가 서울서 높은 핵교까장 댕기고, 선상님 될 거지?"

말없이 걷자니 어색했던지 그가 부러움을 과장하며 웃었다. 50년대 시골, 당시로선 여자애의 서울 진학이 그쯤 말거리가 되었다. 나는 아픈 기색을 보일 수도, 썩 편해진 얼굴을 할 수도 없었다. 만약 내가 차멀미를 추슬렀다면 당연히 그의 짐을 받아들어야 하는데 그러려면 필경 길 한복판에서 밀고 당기는 꼴을 여러 사람에게 보이게 될 터이니 그게 걸렸고, 더욱 죽는 시늉을 한다면 그가 대뜸 등을 돌려대며 업히라 하기 전 둘러업고 냅다 뛸 게 뻔해서였다. 나는 어깨가 눌리고 숨이 막힌다. 마침내 퉁명스레 내뱉고 만다.

"짐 줘!"

"왜? 안즉 걸어 갈라먼 한참인디?" 석봉이는 놀라더니 곧 작게 말했다.

"…알었어. 내 조이기 까장만 이거 갖다놓고 가께." 그리고 그는 휭하니 앞으로 내달아 저만큼 앞에 짐을 놓아주고 내 곁을 스쳐가면서 잘 가라고 작은 소리로 말했다. 그때 내가 조금만 소견이 트였더라면 그냥 힘센 오라비의 손 잠깐 빌렸거니 편한 얼굴을 보이는 것만으로도 석봉이는 마음 뿌듯했을 텐데 그는 흡사 꾸중 들은 아이처럼 총총 사라졌다.

그 후로도 여전히 석봉이는 내 귀향길의 첫 마중꾼이었다. 그는 으레 추연이를 끌어와 말문을 열었다. 추연이가 바람이

났다느니 시집도 안 가고 아일 가졌다느니 남편이 속 썩여서 갈라서고 조그만 밥집을 차렸다느니, 나는 그가 전하는 추연이의 소식으로 고향의 변모를 가늠하며 씁쓸해했다. 나 역시 추연이와 별반 다르지 않은 사춘기 파고를 넘고 있었다. 추연이는 드러내어 몸으로 앓고 나는 숨어 가슴으로 앓는 게 달랐을 뿐이다. 국어선생님을 짝사랑하면서 자살을 계획했고 진학도 취업도 막혀 이를 갈다가 결국 불발에 그치긴 했지만 끔찍한 일탈을 꿈꾸지 않았나.

내가 고향집에 쑤셔 박혀 끌탕할 즈음 석봉이는 장가들어 아들 낳고 바야흐로 자기소유의 육간을 갖게 되리란 희망에 부풀고 있었다. 내가 맞장구를 쳐주면 그의 얼굴이 환하게 피어났다. 칼잽이의 눈이 저렇게 고울 수도 있구나. 자기 꿈을 부추겨주면 누구나 빛나는구나. 그런 석봉이를 보면서 나도 누군가의 희망을 부추길 힘이 있네, 잠깐씩 마음이 개었다. 그렁저렁 중년으로 접어들면서 가끔 친정 일이나 시댁 일로 고향에 들를 때 석봉이의 육간을 거쳤고 그가 저울 눈금을 흠씬 넘긴 고기를 건네면 나는 흔연히 받아들면서 진심으로 그의 사업번창을 기원했다.

어느 날 오랜만에 만난 석봉이가

"…내 복주머니가 요기까장인 개벼." 울듯이 웃고는 슬금슬금 사라졌다. 버스정류소 주변이 번창하자 땅임자가 큰 슈퍼마켓을 차리는 바람에 석봉이가 육간을 걷었다는, 게다가 아낙까지 신실치 못해 그의 옛 행티가 도져 영 몹쓸 사람이 되었다는 소문을 한참 후에 들었다. 추연이는 한식당이 지방 유지급도 드나들 만큼 토속 맛을 인정받으며 착실한 불교 신자가 되어 드러나지 않게 좋은 일을 하는 등 의젓해졌지만 그는 좀체 의붓 오라비의 소식은 전하지 않았다.

장터 밖으로 이리저리 우회도로가 뚫리고 그 길 따라 자가용들이 빽빽하게 오가도 버스 정류소 쪽은 조금도 헐렁해지지 않았고 슈퍼마켓은 점점 붐볐다. 거기서 밀려난 석봉이는 어디서 삭아갈까. 어쩌다 텔레비전 연속극에 시골 들녘을 배경으로 갈래머리 여학생이라도 뜨면 나는 "짐 줘!" 하는 내 볼멘 소리를 듣는다. "내 조오기 까장만…." 잦아들던 석봉이 목소리도 듣는다. 나는 가만히 손을 편다. 한창때, 석봉이의 칼질을 부추길 힘이 내게 있던 그때, 뜻 모를 열기로 축축하던 손바닥엔 이제 까슬한 손못이 박혔다. 손을 접는다. 칼잽이의 누이가 접힌다. 고향이 접힌다.

(1997년)

니르말라의 가시관에 부쳐

그가 죽었다. 천축국 귀중중한 빈민가에서 팔순의 한 노파가 스러지자 세계는 새삼 큰 상실을 체감하고 한동안 호들갑 떨었다. 대중매체는 다중多衆의 허기를 눈치 채고 일제히 가장 크고 높은 톤으로 노파가 꼭꼭 감춰뒀던 공적들을 까발리기 시작했다. 그로부터 채 보름이 안 가 노파의 어록 몇 개가 열 배로 잘 팔려나간다는 신문기사를 끝으로 소요는 잦아들었다. 이제야 비로소 그 노파 테레사 수녀는 편히 잠들 수 있을 것이다. 그는 자기 이름 위에 원치 않는 온갖 찬사가 붙어 회자될 때 얼마나 진저리쳤을까.

이제 니르말라 얘기를 꺼내야겠다.

니르말라 수녀는 테레사와 연관되어 지상에도 몇 번 얼굴을 보였으니 눈여겨본 사람은 그를 기억할지 모른다. 그는 테레사의 타계로 '사랑의 선교회'를 책임지기까지 삼십여 년을 마치 테레사의 꽃받침처럼 등 뒤에 바싹 붙어 있어 그녀를 테레사의 가장 신실한 '후배이자 동료'로 내심 인정했던 이는 많았다. 그러나 벌써 육 개월 전에 이미 테레사의 중임을 떠안았음에도 세인이 보다 가까이 그를 대면케 된 건 테레사 수녀가 타계 십여 일 전 마지막으로 맞은 팔십칠 세 생일축하식에 그와 함께 서서 수줍게 웃던 모습이 아닌가 한다. 예순세 살의 미소치곤 너무 여리게 보여 좀 안쓰러웠던.

저 여린 미소로 어찌 테레사가 근 오십여 년에 걸쳐, 124개국에 벌여놓은 5,604개의 자선센터를 들락거리는 연 오십만 각종 결핍자의 끼니 등을 책임질 수 있을까. 일거리 앞에서 기도의 힘보다 자신의 힘을 먼저 가늠하고 지레 엄살떠는 아, 얼마나 많은 사람들이 "적당히 꼬리 사리지 그랬어요?"라고 얌통머리 없는 소리를 먼저 하는가. 더구나 효자에 효부 노릇 어렵듯이 테레사의 뒷자리는 힘만 들고 빛 안 나기 십상임을 모르지 않았을 텐데 대체 무슨 힘이 그 험지로 그를 밀었을까.

전임자 마더 테레사가 그 가난의 초토에 축여놓은 습지는 실로 넓었다. 그는 모든 면에서 이미 너무 많이 이루었고 거의 트집 잡히지 않았다. 인류 빈자의 어머니로 자리를 굳혔고 마침내 '살아 있는 성인'이라는 최고의 찬사까지 땄다. "제발 사람을 죽이지 말고 내가 줍도록 버려 달라."고 호소할 때만 늘 당겨진 듯 오므렸던 입술이 잠깐 열렸다. 그러면 인류의 양심이 들썩거렸다. 실제로 그의 등은 오래 쪼그리고 앉아 버려진 온갖 천덕꾸러기들의 시중을 드느라 소복하게 굽은 거라고 한다. 그 꾀죄죄한 몰골로 캘커타가 속해 있는 벵골 주를 장기 집권 중인 서슬 퍼런 종교 부정자 공산당수의 코를 납작하게 했다면 그건 코미디 아니면 기적이다.

세계 최대의 빈곤 도시, 천만이 넘는 힌두교도의 숲을 헤집고 다니며 까마귀 발 같은 손을 들어 성호를 그었고, 그의 깊은 눈길은 어미새의 그것처럼 인종, 국적, 종교를 넘어 모든 버려지는 생명 위에 멎었다. '일하며 기도하고 기다리라'는 좌우명을 염송하면서 되도록 작게 자기를 움츠렸던 겸허, 겨우 네 시간의 수면만 빼고 줄기차게 드린 그의 기도는 마침내 응답을 받는다.

국가기관이나 교구 자선단체에 단 한번 도움을 청하지 않았음에도 자발적인 후원자들이 국경을 넘어왔고 인도의 거만한 이교도 중산층이 움직였고, 정부는 나환자 정착에 쓸 땅 23에이커를 거저 주었다. 그를 〈타임〉지의 표지인물로 띄운 해설자는 '살아있는 성인'이라고 쓴다. 그 밖에도 인도 대통령이 준 '파트라슈리 상'과 '막사이사이 상' '교황 요한 23세 상' '선한 사마리아인 상' 'J.F. 케네디 국제 상' '켐풀턴 상'을 받으면서 온 인류의 시선을 한몸에 모았다. 덩달아 따라온 부상금은 다 어쩌고 그의 마지막 소유는 단 돈 5루피, 우리 돈 백이십오원이었을까,를 궁금해 할 사람은 없다. 그가 '일하고 기도하고 기다리기'만 했을 뿐인데, 그 '힘 없음의 힘'의 위력이 태산처럼 부풀었던 이유를 묻는 이 없듯이.

이제 어느 누가 테레사의 겸허와 용기를 능가하겠는가.

카리스마 넘치는 인물 테레사가 섰던 자리에 니르말라가 올려졌다. 신앙심과 사랑의 실천 그리고 단 세 벌의 무명 수녀복까지는 전임자와 닮을 수 있을지 모른다. 그러나 둘은 태생부터가 하늘과 땅 차이였다. 테레사가 알바니아의 평범한 농가 출신인데 반해 니르말라는 인도의 최상층 계급인 브라만 출신으로 극상의 명예와 풍요가 보장된 신분, 만약 그가 부조리한 시대상에 눈 감고 턱을 쳐들었다면 그것들은 태생과 동시에 그의 것이었다. 허나 비극적이게도(?) 그는 남달리 사려 깊은 눈과 맑은 영혼을 가졌고 당연히 그에겐 '못 갖춘 자'들의 고통을 뛰어넘을 용기가 없었다. 그가 테레사의 삶에 동요된 지 7년 만에 세속의 고리를 끊었음을 어찌 석가의 출가에 비유할까만 아무래도 그의 선택을 어떤 신비의 힘이 부추겼으리라는 확신을 떨칠 수가 없다.

최고 신분을 벗은 정치학 석사 니르말라가 '사랑의 선교회'에 발을 담그며 청한 건 홑겹데기 무명 수녀복 세 벌과 테레사의 숨은 꽃받침으로 사는 것뿐이었으리라. 우리나라 소록도에서 나환자들을 위해 30년을 숨어 일한 이국의 두 수녀 스퇴거와 파사렉도 기자가 접근하자 자기 공적 공개를 꺼려 경찰을 부르겠다고 으름장을 놓았다지 않는가. 그러나 그 소박한 뜻, 곧 '무소유의 소유'까지도 사랑을 위해서라면 포기해야 하는 것 또한 수도자가 스스로 청한 서원이었음에 이제 니르말라는 테레사의 멍에를 지고 가시관을 썼다. 일거리만 산더미일 뿐 하마 사양해 보려 해도 어떤 명예도 기약할 수 없는 자리, 게다가 사랑의 고리가 느슨해져서는 안 된다는 부담감이 왜 없으랴. 자칫 기존 틀을 깨고픈 모험의 유혹은 느끼지 않을까. 그러나 무엇보다 큰 문제는, '니르말라는 결코 화려한 꽃으로 피거나 야문 열매를 꿈꾸어서는 안 된다'는 세인들의 무언의 압력일지 모른다. 보수 정서라 할까, 전임자의 음영이 짙을수록 신참에 대한 막무가내 한 거부감은 왕왕 심술로 표출될 수도 있으니, 당분간 아무도 테레사의 손보다 더 뜨거운 손을 만지고 싶어 하지 않을 수도 있을 터이다. 연 50여만의 끼니를 꾸려가기에도 아득한 판에 안팎으로 찔러대는 참견과 변덕의 가시들을 어찌 감내할지, 다행히 그는 퍽 사색적이라 하니 그쯤 패악은 능히 삭이겠고, 단번에 테레사보다 더 도드라져 보이려고 희번덕대지 않으리라는 신뢰는 간다. 부디 그런 우상에 빠지지 말고 미완에 자족하면서 느릿느릿 균형을 잡아가기를, 그게 자칫 무능이라는 누명을 씌우더라도 절대 부동不動이기를 빈다.

테레사의 숨은 꽃받침으로 시종始終하려 했던 그가 가시관을 쓰면서 테레사의 신조 '일하고 기도하고 기다리리라'는 것 외에 무엇을 기구했겠는가. 그것은 온 인류가 옷깃 여미고 손모아 빌어야 할 바로 그것 아닌가.

(1997년)

윤예선 그 사람

그 여자 윤예선은 마흔여덟의 농촌 아낙이다. 그에게는 진종일 치마꼬리를 잡고 늘어지는 치매증인 시머머니와 진국이지만 술이 좀 과한 농군 남편과 입대한 아들과 여고 3년생 딸이 있다. 거두어야 할 이십여 마리의 가축과 이천 평 남짓한 전답이 있고 자그마한 밤 벌도 있다. 그 여자 윤예선은 내 손아래 동서다.

치매로 빠져든 지 5년, 이제 할 수 있는 말이라고는 엄마 밥 줘, 맛있다, 엄마 어디 가지 마, 등 고작 대여섯 개 안팎인 팔순의 시어머니는 가끔 찾아뵙는 맏아들 며느리도 잊은 지 오래다. 얼마 전까지 만해도 우리 내외가 "엄니, 저 왔어요."하면 "우쩐 일여?"하고 잠깐이나마 양손을 그러잡는 시늉을 했는데 지금은 당신 어깨를 싸쥐고 흔들어도 천연스런 먼산바라기,

세 살짜리 아이로 돌아가 있다.

동서가 어머님 몸을 씻기거나 걸음마를 시킬 때는 주위에 누가 있건 없건 꼭 말썽꾼 어린애를 다루듯 어투도 손놀림도 거칠고 모질다. "엄니, 지발 똥 좀 먹지 말어!"하며 손가락을 넣어 어머니 입을 마구 후벼대거나 "엄니, 걸음마 안허면 금방 앉은뱅이 된단 말여!" 하면서 노인의 어깻죽지를 꺼올려 억지 걸음마를 시킬 땐 숫제 가혹하다. 그는 수세미로 방바닥 오물을 제거하고 젖은 걸레로 닦고 마른걸레로 닦고 방향제를 뿌린 후 어머님을 새 이불로 둥둥 말아 앉히고는 그 앞에 그득한 밥그릇을 놓는다.

어머니는 동서가 떠 넣어 주는 밥숟갈을 받아 삼키는 틈틈이 "엄마, 어디 가지 마."를 연발한다. 동서는 짐짓 볼멘소리로 "엄니 똥빨래는 누가허구 농사는 누가 짓구?"대꾸한다. 태생 말투가 투박한데다 억양도 꾸밀 줄 몰라 그러려니 하면서도 나는 그가 목소리를 높일 때마다 뜨끔 한다. 저게 혹 내게 하는 시위는 아닐까? 허나 그가 시집 온 이후 이십 년 넘게 시어머니를 모셔오고 있지만 변죽 울리기 따위 암시로 나를 불편케 한 적은 없다.

그가 진 짐이 너무 무거워 보였던지 동네사람 하나가 '노인의 식탐이 정상이 아니고 배설에 분별력도 없으니 식사량을 좀 줄이면 빨래품을 덜지 않겠냐'고 귀띔했더니 동서는 대뜸 "난 그렇게는 못 해유." 한마디로 잘라버리더라고 했다. 동서는 또 '아들 셋이 시어머니를 번갈아 모시는 게 어떻겠냐'고 꼬드기니까 "엄니가 무슨 물건이간디? 이리 돌리구 저리 돌리게?" 하고는 푹 웃음을 터뜨리더라고 했다. 그가 어머님을 공처럼 이리저리 굴리는 연상을 하고 웃음을 터뜨렸건, 남의 일에 끼어들어 찧고 까부는 동네사람들이 가소로워 웃었건 나는 동서가 웃었다는 말에 콧마루가 찡했다.

동서는 무뚝뚝하긴 해도 팍팍하거나 축 처진 표정을 짓지 않아 늘 힘져 보인다. 그는 내가 숙맥 같은 질문을 주절거리며 자기 일터에 따라붙는 걸 좋아한다. 그가 밭 흙을 헤집어 보이며 '퇴비를 많이 먹은 땅은 요렇게 포실거려서 작물을 어머니처럼 품는다.'고 말하면 어느 환경지기의 그것보다 힘지게 들렸다. 내가 서울서 가끔 모아가는 음식물 쓰레기를 달게 받으며 '빡빡한 가공 사료만 먹던 가축들이 좋아 환장하겠다.'고 하면 나는 다음 번엔 더 많이 모아가리란 결심을 절로 하게 되었다. 농사지은 야채를 읍내에 내다 팔 때도 동서가 맨 먼저 손을 턴다고 했다. 그렇게 낯익힌 읍내 아낙들에게 지난 가을엔 아예 김장배추를 절여 씻어다 팔아 포기 당 몇 백 원씩 더 받았다는 말을 하는데 나는 또 속이 짠해져서 혹 읍내 젊은 여자들이 까탈을 피워 이쪽 비위를 거스른 적은 없더냐고 마치 편들어줄 것처럼 퉁겼더니 그는 '그런 사람은 그런 사람이고…'하고 가볍게 넘겨버려 나는 무춤하게 했다.

언젠가 그가 설거지를 하면서 내게 말했다. '형님이 어머니

못 모신다고 너무 주눅들 거 없다, 나는 그냥 어머니하고 함께 사는 거지 이건 '모시는' 게 아니다, 맨날 소리나 꽥꽥지르고…. 만약 형님이 시골에서 살았다면 지금 나만큼 못할 건가, 어머니는 기왕 시골에서 사셨으니 시골에서 돌아가시게 하는 게 좋을 거 같다.' 나는 아무 대꾸도 할 수 없었다. 어머님이 건강했을 때 어쩌다 서울에 오시면 진종일 아파트 베란다 창살을 잡고 아래를 내려다보며, '세상에나! 사람이 건공중에 둥둥 떠서 사는구나!'하고 한숨 쉬었다. 그런 어머님의 시골 정서를 기화로 나는 그분과의 동거를 모면했으면 하고 은근히 희망했을지 모른다. 그리하여 마침내 동서의 드물게 깊은 속내에 기대어 어물쩍 몸 짐을 떠넘기고 그저 가끔씩 의무처럼 마음 짐이나 지려는 얄팍한 잔꾀를 부렸을 수도 있다. 그런 나를 동서가 되레 다독거려주고 있는 것이다. 그의 말주변 없는 어투에 스민 무구함이 가슴을 눌러와 나는 눈물을 들키지 않으려 쩔쩔맸다.

그렇게 노상 푼푼하고 어른스럽고 도통한 듯 나를 질리게 하던 그를 내가 내려다보며 느긋이 웃었던 적이 몇 번 있다. 그가 껄렁한 소년처럼 몸에 딱 붙는 청바지를 입고 가죽점퍼를 펄렁거리며 오토바이를 몰고 내달릴 때 괜히 주먹으로 그의 뒷등이라도 세게 때리며, 싱싱한 것!하고 싶었다. 또 한 번은 그가 운전면허 실기시험에 떨어지고 돌아와 분하고 부끄러워서 하루 종일 울었다며 깐엔 약점 고백이랍시고 펴보였을 텐데, 너도 사람이었네? 하려다가 그냥 그의 팔뚝을 야물게 꼬집어 줬다.

얼마 전에는 막 작별인사를 하고 돌아서는 내게로 주춤주춤 다가오더니 '형님, 애들 아빠보고 술 좀 줄이라구 해 줘유. 형님 말은 잘 들은께.' 하고 씩 웃긴 했는데 난 그만 목이 메어서 겨우 한 번 턱을 끄덕하고 말았다. 돌아와 시동생 앞으로 긴 편지를 썼다. 그간 차마 낯간지러워 동서 면전에서 못했던 속내를 좀 털어 보이느라 정작 술 얘기는 편지 말미에 겨우 몇 자로 끼워졌다. 그 여자 윤예선은 지금 서울서 한 시간 남짓 거리, 충남 당진군 당진읍 채운리 80번지에 산다.

(2003년)

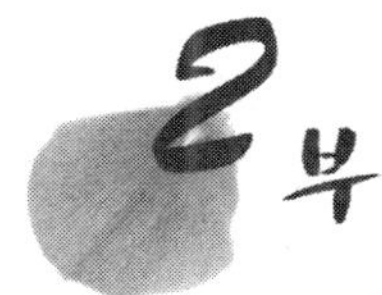

웰빙 세 시간
섬에서 돌아온 남자
유년의 소리
삭수제비 뜨는 날
내 전우의 그 한 마디
저 강을 건널 때
이식증異食症
욕설도 기도요!
갈기와 꼬리
앞바퀴를 좀 쳐들어 줄까

웰빙 세 시간

마침, 당진읍에 닷새 장이 서는 날이었다. "…와유." 새벽에 불쑥 아침 먹으러 가겠다고 전화하자 동서는 짧게 대답했다. '와유'는 '오세요'의 고향 사투리, '오세요'엔 담길 수 없는 고향 맛, 동서의 맛이 담긴다. 날씨 화창, 웰빙의 시작이었다. 나는 핸들을 잡는 남편에게 장 구경을 할 거라며 들떠서 같은 말을 몇 번 했다.

시댁은 비어 있었다. 찻길이 막혀 아침때를 한참 지났던 것. 동서 내외는 벌써 들일을 나갔으리라. 이런 경우 동서는 자기 일을 미뤄두며 꼬박 기다렸다가 수다스런 공치사로 이쪽을 미안하게 하지 않는다. 나는 주방에 들어가 아직 식지 않은 김치찌개와 미역국을 푸고 그릴에서 생선구이를 꺼냈다. 노릇한 생선토막이 도톰했다. 미역국엔 조갯살이 빡빡하고 김치찌개엔 살코기 점이 얹혔다. 누구를 대하건 진국으로 살뜰하면서도 내색할 줄 모르는 손아래 동서 앞에 나는 늘 늦둥이 막내처럼 쩔쩔맨다. 그러는 나를 그는 또 손위 형처럼 감싸면서도 하마 어렴성을 잃지 않는다. 밥그릇이 거반 비어 가는데 동서가 활짝 웃으며 들어선다.

"기다리다가 그냥…." 더는 말을 잇지 않는다.

"장 구경 가자!" 나는 어린애 투가 된다. 동서가 비죽 웃고 만다. 나는 머쓱해서 그의 뒤를 따라 마당으로 나가 씨감자 그릇 앞에 앉는다.

"잘못 오셨구먼유." 하필 감자 심는 날을 골라 왔냐는, 그래서 미안하다는 그다운 표현이었다.

"됐다. 같이 감자 심자." 나도 선선해진다. 동서는 자동차에 씨감자와 함께 여러 개의 괭이를 싣는다. '나보고 저런 연장을 다루라고?' 나는 서툰 연장 다루기로 웃음 살 걸 미리 겁낸다.

밭 흙이 보슬보슬하다. 퇴비를 먹은 흙은 살이 부드럽다고 언젠가 동서가 말했던 생각이 났다. 나는 그때, 사람도 그렇게 제때에 먹을 것 먹고 부드러운 손길 타며 자라면 저절로 성정이 살가워지리란 생각을 했었다. 가뭄 타며 제때 먹을 거 못 먹고 모질게 자란 식물이 잘 꼬이고 질기듯이 편치 않은 환경에 치인 사람의 성격이 뒤둥그러지기 쉬우리라는 이치를 짚으며 자신을 돌아봤던 거다.

먼저 와 쟁기질을 하던 둘째시동생이 쟁기를 잡은 채 웃음

머금고 고개만 꾸벅한다. 잔정 표현 못하기로는 내외가 딱 한 판이다. 그때 둘째동서의 타박이 터졌다. 갈아놓은 밭두둑이 좁다는 것이었다. '밭두둑이 널찍해야 감자알이 굵게 든다고 작년부터 그만큼 말했잖냐.'고 남편을 몰아세운다. 둘째시동생은 무르춤하니 섰다가 밭골을 널리 잡아 쟁기를 박는다. 나는 분위기를 풀어본답시고 흙이 보슬거린다는 말만 거푸 뇌다가 괭이를 잡는다.

"형님이 뭘 허것다구…." 둘째동서가 픽 웃는다. 그때 밭가에 사는 막내시동생 내외가 나왔다. 막내시동행이 마침 비번非番이어서 모처럼 잠 좀 푹신 자려했더니 심술을 놓는다고 짐짓 시무룩히 농조로 나온다. 그 말을 내가 받아

"큰형님은 서울서부터 끼니 벌러 왔다네!" 내가 응수한다. 일변, 아직도 바지춤을 훔켜쥐고 몸 사리는 남편을 향해, '누구는 데어 죽고 누구는 얼어 죽어야 하느냐'고 어서 밭에 들 것을 재촉한다.

"어허이! 웬일들이래유? 서울형님 까장?" 챙 넓은 모자를 눌러 쓴 외가동서가 뛰어오며 소리친다.

"서울에 퇴직자 일감이 흖간디?" 나는 그쪽 인사도 고향사투리로 받는다. 뒤늦게 앞집 떠벌네아지매도 달려왔다. 둘째동서는 우리 내외를 겨냥하고 괭이를 여러 개 챙긴 게 아니었던 것, 마지못해 남편도 밭으로 내려서니 일꾼이 일곱이다. 내가 흐뭇해서, 아직 여기선 품앗이가 되는 모양이라고 하니까, 서

로 일손을 나누는 이웃은 몇몇 정해져 있다고 막내동서가 입을 비쭉한다. 대개는 읍내로 나가 음식점 설거지나 여인숙 일을 도우며 비싼 일당을 챙긴다고.

둘째시동생이 쟁기질에 앞서 땅강아지 약을 밭에 뿌린다. 이 보드라운 흙이 견딜까. 마치 빨래비누로 아이 목욕을 시키는 걸 보는 심사다. '작물에 영향은 안 줄까' 제초제를 맞으면 흙이 탄다는 말을 들은 듯해서 물어볼까 하다가 그만 둔다. 차마 유기농법이니 무공해 농산물이니 주절거릴 염치도 없다. 높은 품삯에도 일꾼이 없으니 일손 줄이는 방도로 약품이 쓰이는 판, 제초제, 각종 살충제, 각종 방부제가 일꾼노릇을 대신한다니 겨우 약품을 다루는 사람의 건강이나 챙기라고 하려다 그도 그만둔다. 두 시동생 모두 읍내에 이틀걸이 고정 일터를 갖고 있으면서 출퇴근 틈틈이 농사일 큰불을 꺼주면, 남은 일은 아낙들의 품앗이로 메워가는 형편, 속 모르는 말로 부아나 돋울까 싶어서이다.

그들에게도 가장 큰 걱정은 역시 아이들 교육비였다. 전엔 농토라도 팔아 충당했는데 이젠 팔아먹을 농토도 없거니와 외지인에 팔린 농지는 금방 저 꼴이 된다며 동서가 손을 들어 한 곳을 가리켰다. 산 둔덕인가 싶게 잡목이 키를 넘고 있다. 동서 목소리가 잦아든다.

"얼마나 좋은 밭이었는디… 아까워! 남의 일 같지 않어유."

말끝에

"…죽어라 가르쳐 놔 봤자 써먹을 디나 있나…." 혼잣소리가 잦는다.

나는 밭두둑에 씨감자를 놓아 나간다. 시킨 대로 크게 한 뼘씩 떼어서 씨감자를 놓으면 둘째동서가 뒤따르며 묻는다. 그러면서도 그는 이쪽저쪽을 돌아보며 꼼꼼히 챙기는 걸 잊지 않는다. '들짐승이 빼가니 씨감자를 깊이 묻어라. 너무 꽉꽉 다지면 싹이 나기 어렵다.', 말하면 손아래 동서들은 '그럼 어느 장단에 춤을 추랴'고 툴툴대면서도 손끝이 야물어진다.

홋딱 둘째동서가 없어졌다.

"둘째형님은 점심하러 갔슈. 전화로 부르기 전엔 꼼짝 말구 일허래유. 그 형님 왕초유. 왕초." 막내동서가 코를 찡긋한다. 농사 두량하는데 남편보다 그가 위라는 뜻이 담겼다. 농사두량뿐인가. 집 안팎 대소사 일체를 맏며느리 대신 시원시원 치러내는 둘째동서의 국량을 나는 추켜세울 말도 잃었다.

"들밥이 맛있는데…." 내가 철없이 한마디 뇌자 막내시동생이 즉각 튄다. 밥을 들로 내오자면 자연 반찬 가지 수가 줄기 마련이니 일꾼들로선 손해 아니겠냐는 것이다.

"참말 그렇네?!"내가 또 맹한 목소리로 수긍하자 와하하 웃음이 터졌다. 마침내 막내동서의 휴대폰이 울었다. 순간,

"가자아—" 소리치며 일제히 괭이자루를 동댕이쳤다. 세 시간의 웰빙이었다.

(2004년)

섬에서 돌아온 남자

친목모임 장소가 그 섬으로 정해졌다는 전갈을 받자 남편은 들뜨기 시작했다. 정년 퇴임 후 표나게 꺼져 내렸던 어깨가 쑥 솟는 것 같았다. 그 곳은 육지 끝에서 아른아른 바라다 보이는 작은 섬, 남편은 태어나 자란 그곳을 일곱 살에 떠났다. 대처大處공부시킨다는 명분이었지만 기실은 두 살 터울로 태어난 그의 아우 둘이 거푸 죽어나가자 조부가 내린 결단에 따른 것이었다. 흉사가 겹치는 집엔 으레 지나가던 중이 들러 한마디 하는 법, 점괘를 따라 그는 명줄을 잇기 위해 부모와의 생이별을 짓고 큰댁살이에 든다.

그는 그답잖게 수다스러워졌다. 그의 입에서는, 고향 지명地名들과 동네사람들의 이름과 섬을 두르고 있는 모랫벌까지 최상급 형용사를 들쓰고 줄지어 나왔다. 낯선 지명에 따르는 전설들은 신비로웠고 동네 어른들은 신선에 가까웠으며 처녀들은 기막히게 예뻤고 선배 형들 중 적어도 몇은 도道내에서 꼽히는 천재였다. 일곱 살배기에게 한 번 박힌 고향 모습은 요지부동인가, 반세기를 넘어오며 슬슬 자란 건가.

나는 그를 손윗누이 미소로 바라본다. '저렇게 풀릴 때도 있는 것을.' 구도자求道者의 그것 같아 내가 빠져들었던 그의 우수 어린 옆모습을 어머니는 청승기라고 내리 깎았다. 혼인 후 얼마 가지 않아 나 역시 그의 뜻 모를 침묵과 이유 없이 굳는 표정에 질린다. 그 이유가 유년기에 부모와 떨어진 고립감에 연유하리라, 헤아려지면서도 내겐 북받치는 트집거리였다.

그가 섬에서 돌아와 처음 한 말은 해돋이 묘사였다.

"용식이네 방갈로에서 이따만 한 해가 뜨는 걸 봤어!" 그가 두 팔을 쫙 벌리고 눈썹을 밀어 올리며 눈을 크게 떴다. 평소 언행이 신중한 편이어서 때로 남에게 실력 이상 부풀려 보이기도 해 '그건 사기다! 불로소득이다! 양심의 가책 안 받는가.' 깐죽대는 내 속 뜻은, 좀 가볍게 보이더라도 밝은 표정을 지으라는 변죽 울리기였지만 공염불에 그쳤었는데

"이따만?" 마침내 나는 입을 크게 벌리고 손도 벌려 보였다. 내 맞장구가 흡족한 모양 그가 고개를 크게 끄덕했다. 지금이다! 이제 내가 막, 그 청년, 턱 선이 깨끗했던 서른 안쪽의 그를 떠올리며 가슴 울렁일 참인데 그는 슬그머니 팔을 내렸다. 짐을 풀고 검은 비닐 봉다리들을 한 개씩 꺼내며 친지와 친구들

의 이름을 하나씩 꼽아가는 그는 영락없는 그 섬의 토박이 촌로村老였다.

고향을 '죽자하고' 지킨 섬토박이들은 부지런히 그물질도 했겠지만, 무슨 보상이다, 무슨 시책이다, 정부차원의 시혜까지 입어 '엄청' 부자가 되었더라고 말할 때부터 그의 목소리는 처지기 시작했다. 나는 그가 '이따만', '죽자하고' '엄청' 등, 과장하는 걸 더욱 부추기려 한다. 그는 '저들 모두 셈이 활짝 폈는데도, 다가올 피서철을 겨냥하고 방갈로 숫자를 늘리느라, 한참 조개잡이 철이 잡혀 정신없더라.'며 부러운 듯 쓸쓸한 듯 말했다. '고향을 떠난 사람들이 비록 저들만큼 돈은 못 벌었다해서 그것을 곧 실패로만 볼 수 있겠냐, 얻고 잃는 걸 어찌 눈에 보이는 것만으로 따질까보냐'고 나는 또 손윗누이처럼 다독거리는 투가 된다. 모처럼 사근사근해진 내 목소리가 가상해서라도 한번 웃는 체 해주련만 그는 이미 너무 깊이 가라앉아 있었다. 급기야 나는 무안함을 무릅쓰기로 하고 그의 이름을 부르고 만다.

"이 아무개 선생! 자기도 돈 많이 벌었다네, 머. 내가 밥을 얼마나 많이 먹어댔게? 그래서 우린 부자가 못 된 거라네. 맞지?" 웃기려 해도 그는 끌려나오지 않았다. 나는 그를 부추기기를 단념하고 전화기 앞으로 간다. 마음과 달리 고마움을 표하는데 젬병이지만 내가 답례성 인사를 챙기면 그가 기뻐할 것 같아 섬에 사는 그의 친지와 친척들에게 차례차례 다이얼을 돌린다.

“젓갈 냄새가 여간 구수하지 않네요.”

“조갯국이 달아서 몸살풀이 했구먼.”

그리고 몇 번은 그냥 ‘지금 내 맘 알지?’ 에서 끊기도 했다.

나는 걸레질을 하면서 조그만 사내아이를 떠올린다. 50여 년 전 한촌閑村의 밤. 자전거는 고사하고 우마차도 드물던 시절, 고대하던 방학을 맞은 아이는 오전 수업을 마치자마자 발이 부르트도록 60여 리를 걸어가 어둠살에 뱃터에 닿는다. 낮 시간이 길어져 혹 해가 남을 땐 청솔가지를 태워 연기로 교신하지만 해가 지면 짚 한 줌을 태워 불길을 올려 이쪽에 섬으로 건너갈 사람이 있음을 알린다. 조금 후에 섬 쪽에서 알았다는 뜻으로 불길이 오른다. 저쪽 불이 꺼지고 바람이 없으면 두 시간 남짓 만에 배가 와 닿는다. 날씨가 사납거나 저쪽에서 신호 불이 오르지 않으면 이쪽들은 속수무책으로 배터 주변 인가를 기웃거릴밖에 없다. 숫기가 없어 인가를 찾아들지 못하는 아이는 풋밀을 살라먹고 마당가 짚더미를 헤집어 든다. 짚더미 속에 새끼 짐승처럼 등을 잔뜩 꼬부리고 잠든 조그만 사내아이.

나는 걸레질을 멈춘다. 창가에 서서 밖을 내다보고 있는 그를 안고 싶다. 그를 안고 이제야말로 난생 처음으로 달큼한 말을 뱉을 참이었다. 그때 그가

“아참, 환이 아저씨가 병이 심각하던데. 돈은 많이 벌었던데

— 욱이 그 친구, 그날 밤 나를 만나러 경운기를 타고 왔다 가는 길에 경운기가 엎어져서 다쳤다던데 어떤가—" 중얼거리며 수화기를 든다. 무춤해진 나는 '거 봐요. 돈이 곧 행복은 아니잖아요?' 하려다가 남의 불행에 견주어 자족하려한 경망을 반성하며 그를 고무시킬 다른 말을 찾는데 그의 목소리가 약간 튀고 있었다.

"그만하다니 다행이구먼, 다시는 술 먹구 경운기 몰지 말어. 건강이 제일여. 내 말 알어 들은 겨?" 힘지게 종주먹대느라 그 자신 힘을 받았던지 어깨가 약간 빵빵해 보인다. 나는 어깨를 내리며 계획한다. 해가 설핏하면 그의 반백 머리에 베레모를 얹혀 둑길을 동행하자 꼬드기리라. 그때 다시 용식이네 방갈로에서 본 해가 얼마만 했냐고 한 번 더 물으리라.

(2004년)

유년의 소리

그땐 투명한 별이 떴다.

별은 뿌연 저녁안개 위에서도 크게 빛났다. 저녁안개 사이로는 개똥벌레가 떠다녔다. 느리게 날리는 민들레 터럭씨앗처럼 그들은 조용히 부유했다. 밀짚방석에 둘러앉은 늙은 아낙들은 삼베적삼 앞자락을 헤치고 늘어진 가슴 사이에 부채바람을 넣어 식혔다. 쉬지근한 땀내가 퍼졌다. 덩달아 널브러진 아이들은 서로 먼저 할머니 무릎을 차지하려고 머리를 부딪었다. 가끔 짧게 하얀 줄을 그으며 별똥별이 졌다. 중학 초년생인 막내삼촌은 별똥별을 주워 먹어 봤는데 아주 쫄깃쫄깃하더라고 쉽게 말했다. 아이는 인절미를 떠올리며 침을 삼켰다.

아이보다 여덟 살 더 먹은 막내삼촌은 눈썹에다 개똥벌레 불을 뜯어 붙여 도깨비 형상을 하고 앉아 무언가를 기다리고 있었다. 조금 후에 그는 뭐니뭐니해도 여름엔 참외가 제일이라며 은밀하고 선동적인 목소리로 그 밤의 참외서리 계획을 아이에게 튼다. 할머니의 삼베치마를 끌어다 번데기처럼 몸을 말고 졸음을 쫓던 아이는 화들짝 눈을 부릅뜬다. 삼촌의 참외서리에 나도 끼워줄까? 그때 삼촌이 마치 아이의 속을 들여다본 듯 어른 투로 여자애는 그런 데 끼는 거 아니라고 잘라 말한다. 아이는 심술이 난다. 가짜 도깨비, 들켜 버려라!

할머니들은 밭농사 얘기를 끝내고 이제 막 누군가의 한 맺힌 넋두리에 맛들여가는 참이었다. 할머니의 손에 들린 부채가 아이 얼굴 위를 연신 휘젓지만 건성이다. 모기는 생쑥을 태우는 눈 아린 연기 사이로 끈질기게 날아들었다. 이이이애앵- 가느다란 모기소리를 들으면 아이는 슬퍼졌다. 그 소리는 아이를 스윽 빨아들여 희미하고 아스라한 길로 끌고 갔다. 아이는 마침내 줄이 긴 그네에 태워지고 그네는 아주 느리게 흔들린다. 할머니들의 청승스런 가락이 가물가물해진다. 아이는 점점 작아진다. 이대로 나비만큼 작아지다가 아예 없어지리라고 아이는 일부러 오기를 먹는다. 그래도 아무도 모를 거라고, 아이는 목이 멘다. 난 버려진 아이니까.

채운다리 밑에서 주워 온 언을떼기(버려진 아이)라고 할머니들은 아이들을 놀렸다. 대개 아이의 생모들은 장날마다 오줌통에다 엿을 고아 파는데 아이가 보고 싶어 하도 울어서 한쪽 눈이 딱 붙어 버렸다면서 그들 중 하나가 아이를 향해 억지로 외눈을 만들어 보였다. 그리고 아이가 울음을 터뜨릴 때까지 일제히 침묵했다. 매번 아이는 새까만 굴속으로 굴러 떨어졌고 그참 잠에 빠져들어 가위눌렸다. 아이의 꿈자리는 어지럽다. 자기를 향해 '우리 아가야.' 두 손 벌리고 달려드는 외눈박이 거지에게 쫓긴다. 아이는 그에게 우리 엄마 아니라고 악을 쓰지만 소리는 목안에서 탁탁 접힌다. 오금은 굳고, 아, 나는 죽는다! 아이는 까무룩 혼을 놓는 찰라 깬다.

탈싹, 잡았다! 할머니가 당신 정강이를 빡빡 긁으면서 통쾌하게 웃는다. 한층 웅숭깊어진 밤새 소리가 바짝 가깝다. 밤에 우는 새 뒤에는 큰짐승이 따라 붙는다고 할머니가 말했었다. 아이는 몸을 작게 오그려 할머니 다리 사이로 파고든다. 쿰쿰한 냄새가 코에 닿으면 비로소 마음이 놓인다. 아이는 이제 절대로 모기소리에 빨려들지 않겠다고 한껏 눈꺼풀을 밀어 올리는데 그래도 슬프다. 할머니는 그토록 가냘프게 우는 모기를 죽이고도 깔깔 웃는다. 가짜엄마는 동생만 껴안고 잔다. 삼촌은 점점 잘난 체하며 아이를 따돌리고 자기네들끼리 휘파람을 분다. '나는 혼자다' 아이는 입술을 실룩거리며 가만히 할머니 허벅지를 조여 안는다.

다음 날 아침 아이는 땀으로 등을 흠뻑 적신 채 눈을 뜬다. 늙은 머슴 박서방은 마당에서 간밤에 태운 모깃불 재를 쓸어 모은다. 새 적삼을 갈아입은 할머니는 닭장 문을 열고 쓸린 마당에 모이를 뿌린다. 채마밭에서 돌아오는 어머니는 풋고추 꼭지를 따면서 곁눈질도 않고 부엌으로 들어간다. 아무도 아이를 보아주지 않는다. 아이는 비실비실 살구나무 아래로 간다. 박서방이 매어준 그네엔 노란 햇살이 내려앉아 있다. 아이는 그네 방석에 배를 걸친다. 땅이 빙빙 돈다. 이이이앵— 아직도 귀에서 모기소리가 난다. 죽어버려야지. 아이는 가만히 눈다.

초등학교 3학년, 아이는 할머니들이 한풀이의 뜻을 알아듣는다. 노래도 얘기도 푸념도 똑같은 곡조로 뽑아내는 한풀이 내용과 함께 아이를 새까맣게 절망시켰던 제 출생의 비밀이 할머니들의 허구였음도 안다. 그럼에도 명주실이 퉁겨지는 소리 같은 모기 소리를 들으면 슬프다. 아이는 그 저린 마음을 표현하려고 애쓰기 시작한다. 슬픔, 어둠, 외로움, 죽음, 영원, 이별, 이라고 쓰고 그 끝에 모기소리 때문이라고 쓰면 울음이 터질 것 같았다. 어디선가 주워들은 '인생길은 고생길'이라는 말도 할머니만큼 늙은 표정으로 공책에 쓴다.

중학 신입생이 된 아이에게 어떤 선생님이 석가모니의 출가동기를 말하며 인생무상이라고 한 것 같다. 아이는 세상이 더욱 뿌예진다. 그 선생님이 이어서 희생과 봉사의 삶만이 가치있다고 강조했을 때 아이는 일생 그 덕목을 따라 살리라 마음먹는다. 차츰 늙은 머슴의 굽은 허리와 그의 바보 외아들이 불쌍해진다. 이때쯤 아이는 깨어날 때부터 목이 비틀려 버려지는 병아리를 숨겨놓고 기른다. 헝겊때기처럼 널브러졌던 병아리가 먹이를 보면 입을 딱 벌렸다. 먹이를 물려주면 삼키려고 목을 꿀럭거릴 때 아이는 보지 않으려고 눈을 꽉 감았다. 아버지에게 들켜 놈이 거름통에 버려지던 순간 아이는 자기가 그렇게 버려졌다고 맘에 새겼다.

할머니는 아이의 사춘기 초입에 타계했다. 그날 아이는 할머니 주검을 등지면서 입술을 깨물었다. '할머니가 나를 버렸다!' 쯤으로, 그 나이에도 할머니와의 별리는 그분의 매몰찬 절연으로 어깃장하게 받아들여 놓고서야 마음이 정리되는 것 같았다. 그만한 이유라야 충분히 할머니를 미워할 수 있을 것 같았다. 바로 다음 해 여름 밤, 문득 아이는 할머니가 부르는 소리를 듣는다. 먼 상여 소리 같은 모기소리였다. 매몰차게 떠났던 할머니가 아이 뒤에서 앵돌아진 아이를 부르다가 속절없이 멀어지는 소리였다. 아이는 회한으로 오래 운다. 바로 그것이 죽은 사람의 '정 떼기'라고 어머니가 진저리쳤을 때 아이는 비로소 할머니를 용서하게 된다.

아이는 중학 신입생 때 마음에 새긴 덕목을 따라 살지 못한다. 그래도 여전히 모기소리는 귀울림이 되어 아이를 맴돌았고 아이의 서툰 세상살이가 시류와 엇물려 뒷골이 띵할 때 귀울림으로 여전히 간절했다. 소리 끝에서 열리는 길은 점점 가늘어졌지만 거기엔 큰 별과 가짜 도깨비와 할머니의 쿰쿰한 입냄새가 있었다. 서른에도 쉰에도 아이가 응석부리기 멋쩍지 않게 거기는 적당히 어슴푸레 했다. 아이는 탈바꿈을 멈춘 애벌레. 반백의 애벌레로 모기소리에 아직 가슴을 떠는 유년을 산다.

(2002년)

삭수제비 뜨는 날

삭수제비는 참 볼품없는 음식이다.

통밀을 맷돌에 갈아 밀기울째 수제비를 뜨는 것으로, 삭수제비에서 '삭'의 사전적 의미는 '모두', '남김없이'이니 요즘 소위 건강식으로 한참 고임 받는 거친 음식, 통밀국수 맛과 비슷하다 할까, 어림없다 할까.

어릴 때 우리 집에서는 가끔 삭수제비를 떴다. 입맛 까다로웠던 할머니가, 상것들의 먹새라 폄하면서도 그 맛을 즐겼기 때문인데 나는 그게 영 마뜩찮았다. 색깔에서 감촉에서 맛에서, 그것은 어린 내 입맛을 꼬드기지 못했다. 겉보기부터가 젖은 흙빛으로 정나미가 떨어지는데다가 크기와 굵기도 족히 어른 손가락 굵기와 맞먹으니 한 입에 넣기에 여간 버거운 게 아니었다. 겨우 베어 물었다 해도 꺼칠꺼칠하고 질깃한 것이

입속에서 이리저리 굴려질 뿐 혀에 감기지 않아 맛을 알 수도 없었다. 그에 비해 입술 끝에 대자마자 호르륵 단숨에 빨려들어 씹을 새도 없이 목을 넘어가는 매끄럽고 간간하고 하얀 기계국수의 매력을 따라붙다가 나는 그만 찬밥을 먹겠다고 어깃장을 놓고 만다. 집안 식구는 물론 온 동네를 통틀어 어머니의 삭수제비 솜씨를 타박치는 건 나 하나였다.

그러나 나는 삭수제비 뜨는 날의 그 떠들썩한 분위기만은 좋았다.

어머니가 수제비 뜰 채비를 하느라 광에서 매판을 꺼내 팡팡 먼지를 털면 나는 자진해서 마루걸레질을 하고 개밥그릇도 씻었다. 길고 지루한 맷돌소리 끝에 이어지는 왁자지껄한 동네 아낙들의 덕담과 찬사와 흉타령이 벌써 들려오는 것 같아 나는 지레 들떠 술렁거렸다. 아낙들의 흉타령은 그답 신세타령으로 빠져 일쑤 코 눈물로 마무리되었지만 그 속에 슬쩍슬쩍 내비치는 어른 세계의 어둑한 비의는 흥미로웠다. 삭수제비를 뜨려면 꺼무레한 여름하늘이 필수 조건이듯, 머슴 박 서방의 아낙과 보리짚과 애호박 외에 동네 부잣집의 퀴퀴한 속 소문 역시 빠져선 안 될 구색이었다. 나는 일부러 멀건 표정을 지으면서 일찌감치 어른들의 금역을 드나들며 그들의 흑막을 훔쳤다.

삭수제비가 비록 보암직한 음식은 아니었지만 별식이었던 만큼 인근 아낙들이 불리기 마련이고, 할머니의 단골 말벗들이 몇 번 맷돌질을 거들다 내쳐 주저앉을 테니까 자연 밀을 퍼내는 어머니의 손이 듬쓱해진다. 따라서 무쇠솥 한가득 삭수제비를 뜨려면 족히 서너 시간은 지루한 맷돌질을 해야 했으니 그때 남의 흉보기만큼 일손을 가볍게 하는 게 달리 있으랴. 소문의 질량은 금기의 수위에 바짝 걸리는 것일수록 위력 있었다.

어머니의 맷돌질 단짝은 박 서방의 아낙뿐이었다. 가난 속에서 노름꾼 남편과 다섯 아이들을 살뜰히 거두는 틈틈이 우리집을 드나들며 궂은 일손을 돕던 태생 성정이 수굿한 그녀는 무엇보다 맷밥넣기의 명수였다. 그녀의 손가늠은 기계 맞잡게 정확해서 맷밥을 너무 적게 먹이느라 끼니때를 어긴 적도 없고, 가늠을 잘못해 설사 (거친 가루)를 시키는 일도 없었다.

그녀가 어머니의 얘기발에 함부로 토를 달거나 되물음을 안 하는 것, 말허리를 자르는 법 없이 시종 다소곳 가끔 머리만 조금씩 끄덕이는 것은 어머니와 얘기 궁합이 맞는 이유이면서 맷돌질의 단짝이 되는 이유이기도 했다. 어머니는 자부심이 강해서 만약 박 서방의 아낙이 분수 모르고 당신 말줄기를 잘랐다면 어머니는 혹 자기 말이 어폐가 있었나 싶어 마음이 꼬일 것이고 대뜸 맷돌질 리듬이 엉키어 수제비감이 엉망이 되고 박 서방 아낙 얼굴이 더 엉망이 되었을 것이다.

나는 떼를 써서 맷돌손잡이를 잡아본 적이 있는데 내깐엔 단작스러울 만큼 적은 양의 맷밥을 넣었음에도 맷돌 위짝이 들떠 드르르 겉돌면서 매판으로는 겉껍질이 겨우 터진 밀알이 우수수 쏟아졌다. 이른바 설사였다. 어머니는 매우 무참해 하는 나를 매몰차게 밀쳐내고 혀를 차면서 거친 가루를 쓸어 맷밥으로 되 넣었다. 나는 애매한 박 서방의 아낙에게 눈을 흘겼다. '맷밥만 잘 넣으면 뭘 혀? 무지 가난하면서!'

맷돌소리가 멎을 즈음 낙수지는 소리는 좀 더 굵어진다. 박 서방의 아낙이 맷돌을 들어내고 어머니는 애호박을 따오라고 내게 소리친다. 나는 신 오른 대잡이처럼 가볍게 빗속으로 뛰어든다. 까슬까슬한 호박잎에 정강이를 긁히지만 나는 휘파람이라도 불 것 같다. 작대기로 거칠게 겹쳐진 호박잎들을 헤집으며 긴 장마엔 벌 나비도 게을러서 가루받이가 시원찮아 인공수분을 해야 한다는 말을 기억한다. 손길이 마구 논다. 애호박 두 개를 따 윗도리 앞섶에 말아 안고 뛴다.

어른의 품으로 한 아름 너끈할 가마솥에서 허연 김이 뭉실뭉실 솟는다. 박 서방의 아낙은 부뚜막에 안쪽 발을 올려놓고 수제비를 뜨면서 다른 발로는 연신 아궁이에 보리 짚을 밀어 넣는다. 넓적한 나무주걱 뒷등에 질척한 수제비 반죽을 철떡 붙이고 놋숟가락 자루로 숭덩숭덩 끊어 던지는데 그 크기와 모양이 기막히게 한결이다. 어머니는 아궁이에서 새어나오는 연기 땜에 눈물을 질금거리면서 솥으로 떨궈지는 수제비 토막을 긴 주걱으로 젓는다. 끓는 물 속으로 곤두박질했던 수제비 토막들은 금세 익어서 수수엿 도막처럼 알알이 떠올랐다.

수제비 뜨기를 끝낸 박 서방 아낙이 잠깐 소댕을 덮고 불길을 돋운다. 어머니는 채 썬 애호박과 다진 마늘과 잔칼질한

풋고추를 도마에 쌓아놓고 자못 긴장한다. 이윽고 솥전을 돌아가며 거품 방울이 뿌글거리기 시작하면 어머니는 잽싸게 소댕을 열고 이불솜만큼 소담하게 피어오르는 김 다발 속으로 도마를 기울였다. 매콤한 밀국수 냄새가 확 퍼진다. 때맞춰 심부름 갔던 아우가 정수리에 덮었던 호박잎을 깃발처럼 흔들면서, 헌 앞치마를 둘러쓴 아낙들을 뒤 달고 뛰어든다. 빗발 속에서 모두 이를 드러내고 웃는다.

(2002년)

내 전우의 그 한 마디

정대위는 어느 날 내 타자기에 "Who is your destiny?" 라고 찍어 놓았다. 그 윗줄에는 "You are my destiny."라는 내 낙서가 찍혀 있었다.

1959년, 여고를 졸업한 다음 해 여름, 나는 여군 사병으로 입대했다. 특과병의 꽃이라 할 영문英文타자병으로 차출되어, 12주의 교육과정을 괜찮은 성적으로 마쳤을 때 내겐 근무지를 선택할 특전이 주어졌지만, 당시 일급 근무지로 꼽히는 육군본부를 비키고 여군 주둔지로선 최전방인 원주 소재 1군사령부를 자원한 건 다분히 객기였다. 완행열차 밖으로 낯선 겨울 산과 잦은 터널의 깊은 어둠이 번갈아 스칠 때 나는 그 빛과 어둠으로 내 앞날을 점쳤다. '울면 안 돼!' 입술을 깨물며 억지로 콧노래를 흥얼거렸다.

그 당시 내가 학업을 계속할 방편으로 군 입대 이상 좋은 조건은 없었다. 우선 의식주가 해결되는 데다 해외 유학의 길이 열려 있다는 모병 포스터의 화려한 문구는 세상물정 어둑한 나를 끌어당기기에 족했다. 입대와 동시에 군 내막이, 모병 포스터만큼 밝지 않다는 걸 눈치 챘지만 속수무책이었다. 타고난 친화력도 변변찮아 대인 관계는 뻑뻑해서 사면에 보이지 않는 벽을 높이 쌓고 고치 속의 번데기처럼 웅크리고 앉아 자조했다.

"아직도 네게 새벽이 올 거라고 꿈꾸니?" 언제나 그렇듯 나는 바로 내 자신에게 면목 없을수록 내 약점의 가장 아픈 곳을 골라 찔렀다.

초겨울 1군사령부 전경은 삭막했다. 사방이 나직한 산록에 둘러싸인 드넓은 영내엔 앙상한 아카시아 나무 사이에 딱정벌레형 군청색 콘셉이 드문드문 엎드려 있어 꼭 전쟁영화의 세트장 같았다. '최선을 다 하자' 기특하게도 나는 칼바람 부는 언덕에 서서 콘셉을 굽어보며 주먹을 쥐었다.

첫 출근 날 나는 최선을 다 하려 했음에도 단 한 장의 서류도 완성할 수 없었다. 진종일 굳어있으려니까 누군가 다가와 어디가 아픈가 물었다. 대답을 못하자 그는

"괜찮아요!" 한마디 더했다. 나는 울음이 터질 것 같아 대답도 못했고 그참 '벙어리'라는 별명을 얻었다. 내내 벙어리답게 입 다물고 숙소와 근무처를 오갔다. 매일 내 앞으로 타자기를

날라다 주는 착한 남군 사병에게 고맙다는 인사 한 번 못했다.

"일과日課 중엔 비상이다! 전쟁 한가운데란 뜻이다! 괜히 긴장 풀고 시시덕대면 지까닥 영창이다! 알았나?"

여군 대대장은 아침점호 때마다 엄포를 놓았다. 남군 중대장들도 그쯤 얼러 놓았던지 일과 중에 어쩌다 우리와 마주치는 남군사병들은 저만큼에서부터 외면하느라 허둥거렸다. 점심시간이면 아카시아나무에 매단 스피커에서 라애심의 〈미사의 종〉과 〈과거를 묻지 마세요〉가 청승스럽게 울려퍼졌다. '전쟁 복판이라면서 저 청승이라니.' 나는 대대장의 엄포를 코웃음치면서도 여가수의 절절한 음색에 하마 말려들까 마음을 도사렸다.

다음 해 봄, 원주 시내에 생긴 '관서대의숙'이라는 대학과정 야간 학습소에 등록했다. 학습생 총원은 스물 남짓, 나이가 층층인 민간인 대여섯에 나머지는 남녀 군인들이었다. 각기 영문과다, 국문과다, 지원서는 희떱게 썼지만 막상 수업은 교실 하나에 학생 전부를 몰아넣고 교수인지 강사인지 두엇이 번갈아 드나들며, 본 강의는 제치고 시국 얘기에 열을 올리다 끝종을 쳤다. 누군가가 수송부로 전화를 걸어 수업종료를 알리고 삼십 분쯤 기다리면 쓰리쿼터가 와서 우리를 실어다 숙소 앞에 부려줬다.

그때 차를 기다리는 동안 커다란 별을 바라보노라면 마음이 뿌듯해져서 뭔가 기원하고 싶었다. 일생 글을 쓰면서 살겠다는 맹랑한 결심도 한 것 같다. 중대 취사장 부뚜막에 앉아 늦은

저녁을 먹을 때도 별로 처량한 생각이 들지 않았고 내무반에 들어가 최대한 발소릴 죽여도 꼭 날아오던

“쫌 조용해 줘라. 대학생아아.” 하는 고참병의 깔깔한 비아냥도 들어 넘길 만했다.

대개의 통역 장교들은 콧대가 높아 성깔 있는 여군 타자병과 일쑤 삐꺽댔지만, 정 대위의 근무처는 처장실이었으므로 나와 직접 부딪칠 일은 없었다. 우연히 한번 그의 긴한 일을 처리해 주고 치하의 인사를 받은 후 그가 종종, 사병을 시켜도 될 일거리를 직접 들고 오기 시작했다. 어떤 땐 맨손으로 와서 짐짓 내 쪽을 외면하고 과장과 건성 인사말을 나누고 휙 나가 버리기도 했다. 그때, 나는 그가 나를 의식하고 있다는 직감이 들었다. 얼마 안 가 그는 내 무심한 팝송 구절 낙서 밑에 토를 찍기에 이른다.

Who is your destiny?

일주일쯤 후였을까. 타자할 서류철 사이에 그의 쪽지가 끼워져 왔다. 굵은 만년필로 쓴 무슨 세계명작 독후감이었다. 나는 그의 쪽지 내용에서 나를 다소 과대평가한 눈치를 채고도, 빈탕인 속내를 가책하긴 커녕 허영기가 부추겨져 으쓱했다. 한동안 침묵하며 더욱 새침하게 그를 대한 것도 속 보이는 내 이중성이었다. 그가 만약 연서투의 말랑한 글을 보냈다면 ‘네 따위가 감히 내게….’ 속내와 달리 나는 일단 펄펄 뛰었을 것이

다. 처음 받는 연서에 가슴이 뛰면서도 그쯤 이중적이어야 체면이 서리라는 계산이었다.

굳은 벽을 너무 쉽게 허무는 게 아닐까 갈등하면서 나는 마침내 그에게 답장을 쓴다. 되도록 모호한 단어를 골라 속마음을 가린 공허한 글을 건네고는 그가 내 글에 질리기를 기대했다. 바로 다음 날, 기대만큼 질려 보이지는 않았지만

"뭣 땜에 입대를 했지요?" 라고 묻는 그의 어투는 진지했다. 차마 공부를 계속할 길이 이밖에 없었노라고 말할 수 없었다. 그때, 나는 저 기분 나쁜 웃음소리를 상기하며 이를 문다.

군복으로 갈아입기 직전 최종적으로 입대 동기를 묻는 면접관들에게 내가 불쑥 "글을 쓰기 위해서, 경험을 하려고."라고 대답하자 네 명의 여군 장교가 일제히 터뜨리던 폭소, 그때, 나는 잠깐 당황했지만 '애국심에 불타서' 따위보다는 월등 나은 대답이라고 자부했다. 반드시 지켜낼 약속이니 그다지 양심에 거리끼지 않아도 된다고 허리를 폈다. '두고 보라지.'하며 속으로 웃었던 것 같다.

정 대위가 가끔 읽을 만한 책을 추천해 주기 시작했다. 그때마다 나는 면접에서 뱉어낸 거창한 '입대동기'가 떠올라 가슴이 무직해졌다. 저들 폭소하던 여군장교들의 새빨간 입술을 막아 줄 걸 생각하면 내게 닥친 현실이 너무 막막해 고작 '거짓말쟁이가 안 되려면 글을 쓰든지 죽어야지.' 뇌일 밖에 없었다.

4 · 19가 터졌다. 군인들의 영외 출입이 통제되고 학습소는

닫혔다. '또 길이 막히는구나!' 절망감이 분노로 증폭했다. 향방 없이 주먹질을 하고픈 심사였다. 아카시아가 폈고 비상이 풀렸을 때 나는 다시 책가방을 챙겼다. 학습소에도 뭔가 생기가 돌아 학과별 강의 체제를 갖추기 시작했다. 나는 또 별을 보면서 이런 저런 꿈을 꿨다.

느닷없이 전출 명령이 떨어졌다. 동기생들은 육본으로 차출되었다며 부러워했지만 나는 어금니를 물고만 있었다. '또야? 네가 바로 운명이라는 거냐?' 들이대자니 약이 올랐다. 분명 어떤 보이지 않는 손이 나를 놀리는 것 같아 왜 하필 나를 겨냥하는 거냐며 속을 후볐다. 마침내 지겹고 구차스럽다는 생각이 들어 이제는 더 이상 아무것도 시도하지 않으리라, 운명이라는 심술쟁이의 부아를 질러주자는 치기로 버텼다. 정 대위에게 침묵한 채 원주를 떴다.

다음 해에 5 · 16이 났다. 그날 새벽 세 시쯤 나는 불침번을 서면서 먼 총소리를 들었다. 제발 전쟁이 터졌으면, 깨끗이 전사했으면. 나는 정말 그러고 싶었다. 즉각 비상이 떨어졌다. 다음 날 전투복 차림의 중무장 군인들이 겹겹으로 막아선 육본 정문을 간신히 통과했을 때 눈부신 5월 아침 햇살이 내리던 넓은 연병장, 빽빽하게 도열한 탱크와 진동하던 오줌냄새를 잊을 수 없다. 그날 과장은 나를 보고 '어이 이 병사, 어디 군수 한 자리 줄까?' 농담했다. 군인이 나라의 총수가 되었다는 의미였다. 바로 옆방의 영급 장교 하나가 혁명군에 가담 크게 한

몫 한다며 과장은 허탈하게 웃었다. 나는 가끔 본청으로 불려가 최상층으로 올려지는 영문서류를 타이핑했다.

어느 날 내 근무처로 정 대위의 항공우편이 날아왔다. 군번이라는 몇 개의 숫자가 사람 대신 행세하는 군내 이동 반경이란 빤한 것, 놀랄 일은 아님에도 나는 좀 놀랐다. 그는 나와 비슷한 시기에 미국으로 연수를 떠났다고 했다. 내가 말없이 원주를 뜬 것에 대해 질문 한 줄 없어 약간 서운했다. 몇 번 건조한 편지를 띄우던 그가 불쑥 내 앞에 나타났을 때 나는 별로 놀라지 않았다.

"저의 전우戰友였습니다!" 그가 과장에게 약간 격앙된 어조로 말할 때까지도 나는 의연할 수 있었다. 이미 나는 현실과 이상 사이의 괴리를 웬만큼 익힌 3년차 묵은 군인이었다. 그가 내게로 다가와 단도직입 물었다.

"글은 쓰고 있지요?!" 질문이 아니라 종주먹이었다. 나는 비로소 건들거리던 고개를 푹 숙였다. 그는 그 말 한 마디를 하려고 그토록 오래 에둘렀던가. 나는 입술을 꼭 물었다. 입을 떼면 '예!'할 것 같아 겁났다. 그해 가을 나는 제대했다. 정 대위에겐 침묵한 채였다.

(2001년)

저 강을 건널 때

“기쁜 노래 부르며 나를 드리오리.”

로사 씨의 까만 입술에서 성가가 맑게 흘러나왔다. 머리카락이 한 올도 없는 그녀의 맨머리가 자잘하게 떤다. 성가 한 구절을 부른 로사는 눈을 딱 감고 꼼짝 않고 앉아 있다가 마치 먼지가 내려앉듯 사르르 뒤로 누웠다. 잠깐 침묵이 흐른다. 둘러앉아 로사씨를 지켜보던 사람들 중에서 한 청년이 마치 휘젓듯이

“어머니!”하고 불렀다. 로사 씨가 눈을 반짝 뜨고

“왜 자꾸 부르지?” 또렷하게 묻는다. 그녀의 앙상한 갈비뼈 밑으로 푹 꺼져 내린 가슴이 빠르게 요동한다.

“자꾸 성모님을 부르세요!” 청년이 얼른 대답한다. 로사 씨의 까만 입술이 찡긋한다. 미소를 만드는 것 같았다. 팔딱거리던 가슴이 잠깐 멎는다. 나는 그녀의 가슴이 조금만 빠르게

뛰어도, 잠깐 멈춰도 덩달아 숨차 하며 속으로 센다. 하나, 둘, 셋, 넷… 그러면 홀연 로사 씨가 다시 몸을 일으켰고 '사랑하올 성모여, 찬미할지어다.' 노래했다. 나는 그때마다 벽에 걸린 예수고상을 올려다봤다. 그는 세 개의 못으로 십자가에 걸려 축 늘어져 있다. 저런 허술한 자세로 어찌 2천 년을 버텼을꼬. 자기 가시관의 무게 하나도 못 가누면서 인류를 구원하겠다고? 나는 입술을 비튼다.

"어머니!" 청년이 점점 강해지는 시선을 로사 씨에게 붙박는다. 테레사는 반쯤 감은 눈으로 로사 씨를 흘끔거리며 '천주의 성모여. 죄인을 위하여 빌어주소서.' 줄기차게 염송한다. 왜일까. 나는 그토록 진지한 표정들이 건성으로 보인다. 푸르뎅뎅한 얼굴들은 가면 같다. 나는 내 생각이 민망해서 몰래 가슴을 세 번 친다. 내 큰 탓이로소이다.

새벽 두 시를 바라보는 시각이었다. 같은 동에 사는 교우 테레사가 급한 목소리로 전화했다.

"로사 씨가 또 지금 돌아가신대요." 교회의 상례 분야에 봉사하는 그는 전에도 가끔 나를 불러 동행을 청했었다.

"한이 많은 분은 돌아가시기가 힘들다더니… 대체 몇 번째야…." 로사 씨의 임종을 지키려다가 몇 번 허탕 친 테레사의 군소리를 들으면서 나는 '지금 돌아가신다'는 그녀의 말꼬리를 잡는다. 급한 김에 테레사는 위급 상황을 그렇게 요약했고, 나는 그 절체절명의 진행 개념을 즉각 알아차렸음에도 '지금'이란 단어에 사로잡힌 것이다. '지금'이라.

우리가 도착했을 때 로사 씨는 아직 '지금 돌아가시고' 있는 중이었고, 그로부터 두 시간 가까이 아직도 '지금 돌아가시고' 있는 중이다. 그녀는 그것을 증명하듯이 때때로 눈을 반짝 떴고, 낭랑하게 노래했고, 미소 짓고는 깊게 침묵했다. 죽음을 맞는 모습으로는 참으로 기이했다.

나는 몇 번 죽음에 다다른 이를 지켜본 경험이 있다.

그들은 대개 눈을 감고 납작하게 꺼져 누워 무언가를 기다리는 듯 조용했다. 마지막에 가까워질수록 들숨을 벅차했다. 그렇게 차츰 미미해지던 숨결이 멎고 입가에 일던 작은 침 거품이 꺼지면 서서히 몸에서 힘이 내렸다. 얼굴이 판판하게 펴지면 끝이었다. 지켜보던 이들이 일제히 울음을 터뜨린다. 그 큰 울음소리에 평온하게 죽음으로 가던 사자의 걸음이 화들짝 놀라 되돌아설 것 같아 조마조마했다. 숨이 멎은 후에도 한동안 몸은 미지근하다. 그때까지 사자의 오감이 기능한다고 한다. 그의 극도로 투명해진 청감聽感이 저 무작스런 통곡으로 하마 결이 흩어진다면 그 되돌아섬은 그가 원할 것 같지 않았다. 이제부터 그는 자기 체온이 식어가는 것을 허용할 것이고, 가장 자기다운 어떤 것으로 스스로를 갈무리할 수 있는 오직 그만의 성역에 들겠기 때문이다. 남겨진 자들은 그의 그 시간까지를 '지금 돌아가시는 중'이라고 최대한 경건하게 겸손하게 고요히 지켜보아야할 것 아닌가.

로사 씨의 가슴이 불규칙하게 오르내렸다. 아직도 그녀는 '죽어가는' 역役을 맡기엔 일러 보였다. 그녀가 조용해지면 둘러앉은 이들이 임종경臨終經이 한층 커졌다. 나는 그 큰 임종경이 민망해서 로사 씨의 눈치를 살핀다. 그녀의 죽음을 재촉했던 내 속내를 들킬까 두려운 거다. 그렇다고 기도를 멈출 수는 없다. 기도를 멈추면 자기가 죽는 순간을 노리고 있던 마귀가 영혼을 재빨리 잡아채간다고 로사 씨가 굳게 믿고 있기 때문이다.

나는 처음부터 로사 씨를 죽음 쪽으로 슬쩍 밀어주고 싶었다. 마치 높은 턱에 걸렸거나 좁은 틈에 끼어서 안간힘 쓰는 것에 힘을 보태주듯 그의 턱넘이를 돕고 싶었다. 그런 마음으로 임종경을 외우려니 속이 불편했고 그때마다 벽에 걸린 고상에 비웃음을 던져야 했다. 내 속에 꼭꼭 묻어둔 어리석은 물음을 아무에게든 들이댈 것 같다. 왜 이 가냘픈 로사 씨가 이렇게 오래 시달려야 합니까? 내가 만약 '로사 씨, 제발 어서 가세요.' 라고 빈다면 그건 죄악입니까?

나는 예수고상을 외면한다. 거기에 걸고 매달리기엔 내 기도는 너무 무겁고 욕설처럼 질척했다. 로사 씨의 의식이 간헐적으로 되살아나는 것도, 천연덕스럽게 성가를 부르는 것도, 가까스로 빚어내는 미소도 지겨웠다. 로사 씨는 아직 숨 쉬고 노래하고 미소 지을 수 있으니까. 분명 '사는 쪽'에 붙어 있는데 나는 그녀를 '지금 돌아가시는 중'에 묶어놓고 무의미하고 느린 화면을 되풀이 보듯이 투덜거리고 있는 것이 짜증스럽다. “무슨 ‘지금’이 이렇게 길어? 죽는 순간이 너무 느슨해! 도대체 당신을 족쇄 채우고 놓지 않은 게 뭐야? 그것이 만약 당신의 생에서 가장 아팠던 어느 마디라면, 그럴수록 끝내 침묵해야 해. 그렇게 가야 해.” 나는 엉뚱하게도 그녀가 헐하게 자기 한을 털어 보일까 봐 조바심치고 있었다.

다시 기도의 문을 열려고 애쓴다. ‘은총이 가득하신 마, 리, 아, 여…’그러나 곧 염송을 그친다. 로사 씨가 내 기도의 무게를 달아볼 것 같아 두려웠다. 눈을 감았다. 어쩌면 ‘지금’이란 마지막 때에 일회적으로 가장 길게 제 맨얼굴을 드러내는 절대 개념의 공간일 거라는 생각을 한다. 지금 로사씨는 그 공간도 벗어나 어떤 강, 누구나 마음대로 건널 수도 없지만 반드시 건너야 하는 그 아득한 수평 앞에서 시간을 잊고 ‘지금’을 누리고 있는지 모른다는 생각이 들었다. 마침내 나는 불온한 동기로 로사 씨를 깨우려든다. 둘러앉은 이들의 어깨도 세게 흔들고 싶다. 로사 씨, 노래를 그만 부르세요. 제발 미소를 멈추세요. 어서 당신의 ‘지금’으로부터 나가세요. 훌훌 떠나세요. 당신의 시간 속으로 들어가세요. 그리고 아, 누구든 야만스럽게 큰소리로 울음을 터뜨리세요. 나는 더 이상 가슴을 치는 시늉을 할 수도 없이 급해지고 있었다.

(2001년)

이식증異食症

초등학교 때 나는 흙과 숯을 먹는 이식증異食症이 있었다. 사람 눈을 피할 수 있으면 때와 장소를 가리지 않고 흙덩이를 집어먹고 숯을 씹어 삼켰다. 용변을 보면서 짚 검불이 섞인 뒷간 담벼락 흙을 떼어먹고 요강 비운 잿간 근처에서 숯덩이를 골라내 먹었다. 그것들이 씹히며 침과 섞여 입 속 가득 풀리면 그 맛을 즐기느라 쉽게 삼킬 수가 없었다.

학교에서 돌아오는 길로 나는 어머니 앞에서 입을 딱 벌려 보여야 했다. 마침내 어머니는 입을 벌려보라 할 것도 없이 회초리부터 들었다. 나는 늘 어머니가 나를 좀 수치스러워한다는 생각을 가지고 있었다. 어머니는 만약 내가 천재나 수재더라도 그걸 코끝에 내걸고 으스대는 대신, 그까짓 것쯤… 하고 콧방구를 뀌어 당신의 안목이 얼마나 높은가를 과시하고 싫어 할 분이었다. 나는 하등 자랑거리가 없었다. 생김새도 두뇌도 변변찮은 나는 어머니가 미운 털을 박아 마땅한 존재라고 일찌감치 절망했는지 모른다.

그런 내가 하필 흙과 숯을 먹는 부끄러운 병까지 걸리다니, 어머니는 팔팔 뛰다 죽어도 시원치 않겠다고 회초리를 던지며 실제로 당신 가슴을 팡팡 쳤다. 엄니, 내가 죽을게, 내가 죽을게. 나는 흩어진 회초리를 어머니 손에 다시 쥐어주며 되풀이 간원했다. 어머니는 나를 아버지에게 넘겨버렸다.

그런 일은 대개 초저녁쯤에 일어났다. 아버지는 내 손으로 회초리 한 다발을 꺾어 오라 한다. 할머니가 내 보호막이 돼주지 못하는 유일한 경우였다. 나는 공포로 오그라질 대로 오그라져 덜덜 떨며 뽕나무 회초리를 꺾는다. 되도록 길고 매끈한 회초리감을 고른다. 할머니는 짐짓 화난 얼굴로 짧다란 가지 몇 개를 분질러 내 손에 들려주면서 등을 민다.

"미련퉁아! 이걸 갖구 가두 된단 말여!" 나는 와락 울음을 터뜨리면서 할머니가 쥐어준 몽당한 회초리를 내던진다.

"싫단 말여! 난 맞어 죽을 거란 말여!" 어린 마음에도 몽당한 회초리를 아버지 앞에 내미는 건 속보일 짓이었다. 잔재주 부렸다고 아버지가 화를 내면 그 부끄러운 뒷감당이 싫었다. 아버지는 회초리를 모아 쥐면서 할머니를 향해 잠깐 방에 들어가 계시라고 한다. 나는 할머니 치맛자락을 단단히 쥐고 있다. 할머니는 그 자리에 선 채 조금 몸을 옆으로 트는 척만 한다.

들어가 계시라구요. 아버지 목소리가 커진다. 할머니가 슬그머니 치마자락을 빼간다. 순간 나는 지함地陷 밑으로 굴러 떨어진다!

"흙맛이 워뗘? 숯맛이 워뗘? 잉? 잉?"아버지는 당신 물음에 장단을 맞추듯 회초리로 내 종아리를 쳤다.

"죽으께유. 죽으께유." 나는 제자리 뜀을 하면서 그 말을 하려고 애썼지만 울음도 말도 제대로 터져 나오지 않아 목이 탔다. 흙 맛과 숯 맛을 설명할 수 없는 것보다 말이 터져 나오지 않아 더 답답했다. 아버지는 내가 아무리 이론정연하게 그것들 맛을 설명했더라도 회초리질을 멈추지 않을 것이라는 막막함, 빠져나간 할머니 치맛자락, 어머니가 가슴을 팡팡치는 소리. 나는 후에 그 순간의 기억을 '혼이 빠져나가는 소리를 들었다.' 라고 적었다.

아버지는 똥거름 뿌린 밭 흙과 오줌 묻은 숯덩이에 얼마나 치명적인 병균이 묻었는지 아느냐고 겁을 주며 때렸다. 흙 맛을 설명하라고 종주먹댈 때보다 나는 겁이 더 났다. 곧 죽을 것 같았다. "할머니, 나 죽어." 하는 대신 나는 "지가 죽을 게유. 죽을 게유. 아버지!" 팔팔 뛰면서 양손을 비볐다. 마침내 할머니가 아버지를 막아선다. 내 얼굴을 스치는 치맛자락이 버르르 떤다. 그런데 무슨 오기인지, 나는 할머니 치맛자락을 제치고 아버지 앞으로 다가들며 '죽을 게유!'를 연발한다.

"지발, 흙 먹지 말어, 잉? 할미 소원여. 잉?" 할머니는 부풀어

오른 내 종아리에 들기름을 바르면서 간절하게 말했다. 입술이 떨려서인지 호오호오 상처를 불어주는 할머니의 입김이 여렸다. 그러는 할머니가 불쌍해서 나는 새삼 섧게 운다. 크게 우는 이유는 하나 더 있다. 이제, 나는 다시 아버지 앞에 꿇어앉아야 하는 것이다. 다시는 흙을 먹지 않겠다는 결심과 함께 용서를 빌고 긴 꾸중을 들어야 할 절차가 남은 것이다. 나는 그 연극 같은 절차가 매맞는 것보다 싫었다. 그 걸 모면하도록 할머니의 힘을 빌릴 속셈으로 나는 목청 높여 울었다. 할머니가, "이것이 너무 놀란 것 같다. 그냥 재워라." 한 마디 해준다면 아버지도 못 이기는 체 넘어가 줄지 모른다. 그러나 그 절차가 생략된 적은 없다. 아버지 앞에서 돌아온 나는 분을 삭이지 못해 할머니 가슴을 들이받으며 또 한 바탕 곡지통을 놓았다.

아버지는 나를 뒤 달고 병원과 한약방을 드나들기 시작했다. 어떤 한의사는 회충이 장난질한다고 하고 양의들은 이런 저런 실험을 해봐야 알겠다면서 가루약을 내주었다. 어머니는 또 어머니대로 슬금슬금 점집을 드나들면서 민간요법을 건져다가 가끔 시커먼 약물을 한 보시기 안겼다. 마지막 한 방울까지 마시는 걸 확인하고는 꿀에 잰 생강 한쪽을 내 입에 넣어주면 지켜보던 할머니가 꼭 '한 쪽 더 줘라.'했다.

중학교에 입학할 즈음에야 나는 이식증을 놓았다. 어느 날 병원을 찾아 앞서 걷는 아버지 등을 보면서 울컥 했었다. 다시는 흙을 먹지 말아야지, 결심이 섰다. 그 결심 때문인지 부끄러움 때문인지 나는 이식증에서 벗어났다. 아버지는 약효를 보았다고 확신했을 것이고 어머니는 무당의 부적 효험에 쾌재를 불렀을 것이다. 나는 아버지의 뒷등을 떠올렸다. 나는 이미 사춘기 초입, 가슴 밑이 무직한 것 등, 몸 안팎으로 묘한 기운이 돌아 더 이상 이식증이 뻗어갈 형세가 아니었을 것이다.

(2003년)

욕설도 기도요!

오래 전 둑방 아래 철거민 촌에 그가 잠깐 살았다. 그를 찾을 때 가장 난감했던 건, 철거민촌 판잣집 낮은 추녀 밑에서 젊은 남자들이 눈을 지릅뜨고 우리를 뚫어져라 바라보는 것이었다. 대낮에 일 않고 시시덕대는 청년들이 사는 동네에 그가 끼어 산다는 것도 부아가 터지는데 그의 딱할 만큼 천진스런 웃음이 더 부아를 돋구었다.

좁은 골목, 있는 둥 만 둥한 하수도가 제구실을 못해 길바닥으로 밥풀 섞인 구정물이 넘쳐나 바지춤을 움켜쥐고 반뜀질을 하면서 우리는, 우리를 그곳으로 내 몬 신부님을 원망했다. 몇 번인가, 제철 딸기가 한창 나도는 5월 중순에 낡은 겨울 털신을 신고 찾아온 구지레한 남자, 말주변도 변변찮은 그가 가만히 환자 곁에 딸기바구니를 놓고 사라진 다음에야 그의 신분이 가

톨릭 사제라는 걸 알고는 혹 배신감은 들지 않았을까. 어쨌든 그후 그는 평신도인 우리의 방문을 허락하게 되었고 사경을 헤매는 노모에게 투약하는 걸 모른 체 해 주었다. 남에게 무엇을 주기보다 받기가 더 어렵다는 교훈을 체득한 기회였다.

방문訪問을 마치고 돌아오면서 우리는, 그제야 긴장이 풀려, 이제 가위를 사러가자고 깔깔거렸다. 그의 굳게 닫힌 문을 열게 한 공로는 신부님의 겨울 털신이다, 당신 옷차림에 무신경한 신부님이 쉽게 털신을 바꿔 신을 것 같지 않다, 차라리 가위를 사다가 털신의 털이나 깎아 여름을 나게 해 드리자는 제안에 찬동하는 폭소였다. 우리의 방문이 잦아지면서 무표정에 가깝던 그의 얼굴에 그 특유의 천진스런 미소가 번지기 시작했고 눈자위가 푹 꺼져 누웠던 그의 노모도 우리를 보면 웃음을 지으려고 애썼다. 그러나 그녀의 얼굴도 가슴에 모은 두 손도 이미 어두운 갈색, 신부님이 걸어주었다는 목제 묵주 빛이었다.

그는 철거가 거반 끝나가는 둑방 동네로 밀려든 마지막 주민이었다. 그곳 주민 대개가 그렇듯 그도 처음엔 괜히 적의에 차서 자학하듯 사경을 헤매는 노모에게조차 일체의 돕는 손길을 거절했다 한다. 서른 살은 족히 넘었음직한데 홀몸이었고 대학물을 먹었으리라 가늠하다보면, 그럼 왜 제 앞가림도 못하느냐는 지청구가 나오려 했다. 어디로부터인지 그가 소설을 쓴다는 말이 풍겨 나왔을 때, 우리는 아아, 하고 고개를 끄덕거렸다. 소설가는 그렇게 비딱하고 주변머리 없어도 된다는 듯이.

하루가 다르게 꺼져 내리는 환자를 보면서 치유를 비는 기도에 우리는 신뢰를 걸 수 없었다. 막막하고 구차스럽고 뭔가 억울했다. 차라리 환자에게, 고이 죽음을 받아들이라고 일깨우고, 그가 안심할 수 있도록 저쪽 세계를 한껏 미화해 들려주고 싶었다. 확신 하나 없이 기도문을 줄줄 외우고 나올 때 그가 감사합니다, 인사하면 나는 빈탕인 기도가 부끄러워 고개를 푹 숙이며 이런 의례적인 방문을 그만두리라 매번 다짐했다.

그런 어느 날 오후, 그의 침침한 판자문을 열고 나왔을 때 나는 눈을 가렸다. 직사하는 하얀 햇살 아래 철거되어 부서진 움막들의 잔해가 일망무제로 깔려 있었다. 그때 꿈속에서처럼 아이들의 목소리가 들렸다. 소녀 둘이 부서진 판자때기를 타 넘으며 종알거리고 있었다. 여기가 우리 집 부엌, 저기가 장독대, 그리고 요 쪽은… 작은 손가락이 옮겨가며 짚는 곳은 그냥 폐허였다. 아이들은 곧 폐허를 타 넘으며 사라졌다. 허깨비를 본 것 같았다. 한낮 햇살에 눌린 비현실적인 고요. 갑자기 사라진 아이들. 그들은 왜 여기로 왔던 걸까. 무슨 줄에 걸려 와 잠깐 내 앞에서 춤추다 사라진 줄인형일까. 나는, 그는, 그의 노모는, 사라진 아이들은, 잠깐 목숨 받은 모든 것들은, 어느 줄에 걸려 세상으로 끌려와 허깨비 춤을 추다 다시 끌려 어디로 가는 줄인형일까. 그 줄을 쥐고 당겼다 놓았다 하는 이는 어떤 존재일까, 아니 〈그〉 혹은 〈그것〉은 정말 존재하는가. 그를 거역하고 부정하고 무례함으로만 인지하려했던 나는 용서받을 수 있을까. 그의 상징, 벌거벗겨져 형틀에 늘어진 예수를 쾅쾅 때리고 싶었다. 거기서 내려와 뭐든지 하라. 하라. 하라. 외치고 싶었다. 바로 저 젊은이의 방문을 열어 제치며 외치고 싶은 말이었다.

한 여름, 그의 어머니가 세상을 떴다는 전갈을 받고 테레사는 장롱을 뒤져 하얀 이불 홑청을 꺼내들고 앞장섰다. 망자에게는 황금색 겨울 한복이 입혀져 있었다. 나는 가슴이 울컥해서, 왜 겨울옷을 입혔냐고 마치 손윗누이 투로 볼멘소릴 했더니 눈이 빨갛게 부은 그가, 엄마 옷이 그것 한 벌뿐이었다고 했다. 나는 못 들은 척 얼른 망자의 벌어진 입술을 다물려 줬다. 금속처럼 차디찬 입술은 다시 벌어졌다. 테레사가 이불 홑청을 찢어 망자의 턱을 싸 정수리에 매듭을 지었다. 이렇게 해야 수시收屍가 쉽다면서 테레사는 망자의 두 다리를 곧게 펴서 훑어 내려 무릎을 맞대어 묶고 발목도 묶었다. 너무 꼭꼭 묶는 것 같아 좀 살살 하라는 말이 나오려 했다. 테레사가 남은 홑청자락으로 망자의 얼굴을 덮으려 할 때였다. 엄마-하고 그가 홑청을 걷어 제치며 망자 가슴에 엎으러졌다.

그는 그해 영세領洗했다. 영세자 대표로 기도할 때 목소리가 하도 힘차서 무슨 구호처럼 들렸다. 나는 고개를 끄덕거렸다. 욕설도 기도로 받아들일 수 있도록 내 생각의 폭을 넓혀준 이가 있었다. 외국인 신부인 그는, 사람의 마음속에서 나오는 모든 진실 된 소리는 욕설까지도 기도라고 말했다. 그는 상계동 철거 촌으로 들어가 철거민들과 한 텐트에서 먹고 자고 철거반에 맞서 돌을 던지다가 시간에 맞춰 미사를 집전했다. 철거민들이 철거반에게 돌멩이를 던지고 욕설을 퍼부으면 '기도예요!' 눈을 찡긋했다. 헐렁한 운동복차림에 영대를 걸친 그 앞에서 성체를 영하려면 울음이 터졌다. 왜 이래야 합니까. 또 어딘가를 쾅쾅 쳐대고 싶었다. 미사가 끝나면 잔뜩 불어서 양동이에 한 가득해진 라면을 빙 둘러 앉아 먹으면서 모두 웃었다. 나는 그 즈음부터 일간 신문의 행간을 읽기 시작한 것 같다.

어딘가로 떠난 소설가가 가끔 편지를 보내 왔다. 매번 주소가 달랐다. 나는 꼬박꼬박 답장을 보냈다. 좀 다독거려주고 싶기도 했지만 그의 감상에 말려든 낌새를 눈치채일까 봐 일부러 건조한 글귀를 고르자니 자연 의례적인 충고가 되곤 했다. 아무리 밍밍한 것이더라도 외로운 사람은 누군가의 반응 자체가 위안이 되는 빈틈이 있기 마련, 그의 그것을 겨냥하자는 속셈이었다.

그를 마지막으로 본 건 늦여름 한낮, 반정부 집회로 한참 혼잡한 명동성당 광장에서였다. 반가웠지만 인사 외에 대화를 나눌 상황이 아니었다. 한참 만에 그에게서 편지가 왔다. 편지라기보다는 말끔하게 정서한 두꺼운 원고 철이었다. 받는 즉시 겉봉에 쓰인 〈산 ○○○번지〉 무슨 제지회사로 답장부터 보냈다. 그리고 원고를 읽은 다음 좀 긴 답장을 또 보냈다. 답이 오지 않았다. 그렇게 소식이 끊어졌다. 그의 원고는, 과거의 아픈 회상이 점철된 신변 토로였다. 더러 애매모호한 구절이 끼어 있어 자의적 해석도 가능했지만, 그의 글투려니, 그 이상의 확대해석은 의도적으로 피했다.

그가 평범한 가정을 이루고 과히 크지 않은 꿈을 꾸고 그 꿈을 이루면서 좀 쉽게 살아주기 바랐다. 그러다가 문득, "아니다!" 할 때가 있었다. 일망무제의 폐허 위로 내리던 어느 대낮 햇살, 그의 문을 쾅쾅 두드려 끌어내고 싶었던 무작정한 분노, "무엇이든 하라, 하라," 그것이 어찌 그를 향한 절규에 그치랴. 그건 바로 나의 신을 향한 "당신은 없다. 당신은 없다."가 아니었을까. 2천 년을 천연덕스럽게 침묵하는 이에 대한 투정이 그분 현존의 철저한 부정이었다면 나는 차라리 홀가분했을 것이다. 나는 흐리멍텅 대상도 모르고 주먹을 휘둘렀을 뿐이다.

분명 내게로 보내졌지만 아직도 내 것이란 생각이 들지 않는 그의 원고를 볼 때마다 내 자문自問은 동일하다. '이걸 어쩌지?' 이 물음 역시 그의 원고에게 하는 것이 아닌 내 일생의 화두가 아닐지.

(2004년)

갈기와 꼬리

노인은 수인사 후 탐색하듯 나를 한동안 말없이 바라봤다. 얼굴 근육 여기저기가 씰룩거렸다. 냄새가 풍겨왔다. 생리적인 체취가 아닌 일종 자기 이력 소개 같은 거였다. 〈옥춘당숙〉이 떠올랐다.

〈옥춘당숙〉은 작은할아버지의 맏아들이다. 내겐 오촌당숙벌이지만 우리 집 큰 행사 때마다 옥춘사탕을 가져왔으므로 우리는 그를 〈옥춘당숙〉으로 불렀다. 그분은 할머니께 절을 하고는 그참 할머니 무릎에 얼굴을 묻고 소리 죽여 한동안 울었다. 할머니는 그의 등을 쓸면서 하나하나 가솔의 안부를 물었다. 옥춘을 무한정 만들어낼 수 있는 당숙은 얼마나 좋을까, 부러워하던 나는 그의 울음을 이해할 수 없었다.

내가 좀 철이 들고 우리 집 형편도 많이 기울었을 즈음 그분은 아주 절박한 편지를 보내오기 시작했다. 주변에 경쟁 업종이 속속 생겨나 사탕공장을 문 닫고 보니 당장 열 명을 넘는 가솔의 호구지책이 막막하다는 내용이었다. 그리고는 불쑥불쑥 나타나 아버지와 밤새워 얘기했다. 아버지는, 독립운동가의 후예다운 긍지를 가지라 목청을 높였고 당숙은 그 말을 귓등으로 넘기며 '남들처럼 독립운동을 하는 척 아편장사라도 해서 알속을 자리지 못한' 당신 아버지를 픽픽 비웃었다. 나는 픽픽대는 당숙의 콧방귀보다 번드르르한 아버지의 충고가 더 듣기 싫었지만 독립운동 같은 건 안 하는 게 좋겠다는 생각이 들었다. 몇 푼 노자를 받고 떠날 때 당숙은 내 뺨에 얼굴을 대고 문질렀다. 그 때 그 냄새를 맡은 것 같다. 내가 맡은 최초의 어른 냄새, 궁지에 몰려 막막한 인간의 냄새였다.

노인은 다음 날로 자기 부친의 일대기 초고草稿 뭉치를 들고 왔다. 나는, 신문 기사로 여러 번 다뤄질 만큼 유명한 분의 족적을 손볼 기회가 주어진 것에 묵직한 사명감을 느꼈다. 정성껏 일대기를 완성하리라 맘먹었다. 원고의 처음 몇 장은 이미 서너 가지 색깔로 고침표와 줄긋기가 되어 있어 몇 사람이 손댄 표지를 남기고 있었다. 채 열 장을 넘기지 않아 나는 그들이 원고 수정을 포기하지 않을 수 없는 이유를 알 것 같았다. 역사적으로 귀한 자료를 다루었음에도 서술은 엉망이었다. 칠순 노인의 기억에 의존한 그것은 장황하고 뒤죽박죽인 육성 토로 이상이 아니었다. 시제時制의 선후로 빚는 혼선쯤은 이리저리

뜯어 맞추면 해결이 가능할 것 같았지만, 가문의 자랑거리라든가, 노인이 강조하고 싶은 대목에서 마냥 지면을 먹어가는 데는 속수무책이었다. 예를 들면 노인이 겨우 두 살 때 일어났던 사건, 그러니까 그가 자란 뒤에 전해들은 이야기를 마치 자기가 직접 현장을 목격한 양 상황 묘사가 세세한 따위, 감정이 고조되면 일쑤 신소설 투의 과장이나 미사여구로 채색, 진솔함으로 승부해야 할 일대기의 생명을 위협했다.

위험한 건 당시 그들 부자父子의 구미를 건드렸거나 혹은 잘못 입력된 정보로 사감私憾이 맺힌 사람들에 대한 가차 없는 매도였다. 더욱 난감한 건 실명實名으로 거론된 몇몇 중에는 최근까지 사회에 공헌하며 추앙 받는 인사들이 끼어있음이었다. 그와 반대로 노인은, 독자의 의혹을 풀기 위해 정작 상황 설명이 필요한 대목에서는 슬그머니 꽁무니를 뺐다. 역사적으로도 중요한 사건인 만큼 정확을 기해야한다고 의견을 제시하면 '궁금한 사람은 도서관에 가서 찾아보라 쓰시오!' 불끈 화를 냈다. 그러나 그쯤도, 숱한 난관을 겪느라 굴절된 노인의 성향이라 넘기려 했지만, 문제는 노인과 나를 연결해준 분과의 묵계, 곧 출판 가능한 '물건 만들기'에 있었다.

나는 우선 과장이나 옛 투의 미사여구를 지우고 불필요한 중첩 기술을 자르고 긴 사설辭說에서 요점만 따냈다. 당연히 노인의 감정을 자극했다.

"제발 내 원고대로 써 달란 말이요!" 원색적으로 분노를 터뜨렸다. 그때마다 나는 노인 부친의 근엄한 사진과 노인을 견주며 면구스러워 했다. 조국의 독립 염원 그 순수한 열정 하나로 만주황야에 몸을 던진 사람, 그 서슬 푸른 말갈기, 그의 신분을 넘어간 인간애의 면면 등, 그 분을 향한 내 순정純正한 숭모의 염은 수혜자 국민으로서의 당연한 정서였고 의무이기도 하리니, 노인으로 하여 그 순정함이 흐려질까 조마조마했던 것이다.

한 독립투사의 인간 면모를 진솔하게 드러내어 후세인의 공감을 끌어내리란 내 숫된 의욕을 놓치지 말자고 마음을 다잡을수록 걸림돌이 많았다. 무엇보다 힘을 풀리게 하는 건 노인이 툭툭 내뱉는 비탄조의 갈등토로였다. 노인의 아버지가 독립을 목표로 투척한 재산가 액額이 가히 천문학적 수치에 가까웠던 만큼 노인의 원망 역시 〈옥춘당숙〉에 비교될 수 없는 함량이었다. 당신 부친에 대한 긍지와 제어불능의 피해의식 사이에서 노인은 갈팡질팡했고 그의 울분은, 독립운동자의 후손에 대한 당국의 소홀함을 성토하다가 격앙되면 국가 시책 전반에 대한 완전부정으로 튀었다. 꼬인 논리와 외골수 자기주장은 심통 난 철부지 투정과 별반 다르지 않았다.

저 노인이 독립투사의 후예란 말인가. 무엇이 저토록 노인의 인성을 비틀었을까. 그의 선친의 대인大人적 이미지에 생각이 미치면 진저리쳐졌다. 노인의 인간적인 약점을 조금도 보듬고 싶지 않았다. 허상이더라도 당당한 우상을 세워두고 싶은 나는 결국 '남루한 꼬리!'하고 노인에게 혀를 차게 된다. 〈베이컨〉이던가, '큰일을 하는 사람에게 처자식은 운명에 담보로 잡힌 만큼이나 장애일 뿐'이라 한 사람, 노인은 이제 아버지의 '장애'가 되려는가.

나의 할아버지는 말갈기를 날리지 못했다. 때문에 나는 남루한 꼬리 될 불운을 면하게 되었으니 어쩌면 함부로 노인에게 혀를 찰 자격이 없는지 모른다. 나는 마음을 고쳐먹었다. '노인의 뒤엉키는 심사를 쓰다듬지 못할 바엔 애매한 대로 그의 불평의 적的이 되어주자. 그가 비웃는 재벌이 되어주고 그가 이를 빡빡 갈아대는 당국의 시책이 되어주고 태질감 정객이 되어 그가 날리는 돌을 맞자. 어차피 그의 돌팔매는 결국 아무 것도 맞추지 못할 테니까. 아, 절대로 우리 아버지처럼 독립운동가의 후예다운 긍지를 가지라는 그 싱거운 말만은 말자. 그저 가만히 평범한 할아버지를 둔 나의 행운을 씁쓸해 하자.'

어린 날, 〈옥춘당숙〉의 어깃장한 코웃음으로 흔들렸던 애국의 정의定義가 다시 기우뚱했던 십여 년 전 일이었다. 내가 손본 일대기는 끝내 출판되지 못했다. 〈옥춘당숙〉의 아홉 남매는 힘들게 가난을 견디면서 수수하게 자랐다. 그들은 매해 광복절 기념식에 초빙되어 단상에 올라 만세 삼창을 하고 놋주발을 받아오는 할아버지를 자랑스러워했다. 혹 남과 이해관계로 맞서게 될 때는 '에라, 우리 할아버지 생각하고 양보하자.' 하게 되더라는 말을 들을 때 나는 가슴이 후끈했다. 그들은 할아버지에 대한 어떤 기록도 남기려하지 않았다. 수수한 내 8촌들, 구태여 할아버지의 갈기를 내두르려하지 않은 그들 수굿한 아홉 개의 꼬리들이 올려다 보인다.

(1998년)

앞바퀴를 좀 쳐들어 줄까

거실 벽 중간쯤에 딱 하나 장난감 자전거가 붙어 있다. 바퀴 지름 3센티 남짓한 이 꼬마 자전거는 앞쪽이 조금 위로 들려 있어 어찌 보면 지금 막 날아오르는 모습이다. 뜨거운 한낮 네팔 화장터 근처였다. 내 앞으로 내밀어진 소년의 꼬질꼬질한 손바닥에 앙증스런 두 개의 바퀴가 세워져 있었다. 긴 속눈썹에 흙먼지를 얹은 소년은 서툰 영어로 열심히 자작품 자전거를 선전했다. 소년티가 남아 있었지만 이미 세 아이의 아버지, 그를 둘러선 아내와 세 아이 시선이 내 얼굴에 붙박혔다. 나는 자전거를 받아들면서, 아이들이 많다고 걱정했다. 그때 소년이 웃으면서 '즐거워서'라고 대답했다. 아이들이 많아서 행복하다는 뜻으로 알아들었다. 그런데 그의 눈이 묘하게 가물거렸다. 곧 '즐거워서'의 은밀한 의미를 감지했다. 못 알아들은 체 얼른 자전거 값을 치렀다.

얼마 전 〈생명이 있는 것은 아름답다〉를 쓴 최재천이, 동물의 생식본능과 성 욕구를 다룬 신문칼럼에서, 자기는 한 번도 생식을 염두에 두고 아내를 껴안은 적 없다는 고백을 해 무릎을 탁 친 적이 있다. 성경은, 모든 생명의 주인이 창조주라고 쓴다. 특히 인간은, 당신 모상貌相을 따라 빚어 코에다 직접 당신 입김을 불어넣었으므로 신의 숨결을 받은 인명이야말로 존엄의 극치라고 강조한다. 더불어 인간은 물론, 모든 동물의 성본능은 '자식 낳아 번성하라'는 창조주의 뜻, 존귀한 생명을 이어가기 위해 신이 내린 축복이라고 성경 지도자는 해설해 줬다.

그러나 반半세기 전쯤의 충청도 시골, 대가족 틈에서 유년을 나며 어찌어찌 습득된 내 성 지식은 극히 부정적인 것, 요컨대 성행위란 가축이나, 혹은 할아버지가 경멸해 마지않던 질 낮은 상것들이 숨어 하는 유희遊戱쯤이었다. 왜곡된 내 성 지식은 중학교에 들어가 첫 혼선을 빚는다. 〈호랑이〉란 별명이 붙었던 근엄한 한문漢文선생에게는 열 명의 자녀가 있었다. 근엄한 표정으로 한문 구절마다 인륜人倫 도덕을 강조하던 그분이 상것들처럼 아내를 열 번이나 껴안아 열 명의 자녀를 두었다는 것을 나는 도저히 용납할 수 없었다.

서른아홉에 영세領洗하고 성경공부를 할 때 나는 주말 부부였다. 턱없이 부푸는 현실적인 욕구와 주어진 여건이 엇물려 마음 안팎이 극도로 삭막했던 시기, 잔뜩 모아졌던 내 불만은 주말에 만나는 남편에게 터뜨려질밖에 없었다. 생트집을 잡아 골을 부리고는 그런 채 남편의 몸과 마음을 꽁꽁 얼려 돌려세웠다. 내 이런 묵상默想을 연배 높은 성경 지도자가 호되게 질책했다. 다음 번 토요일엔 꼭 먼저 남편을 뜨겁게 안으라는 숙제를 내줬다. 어떤 땐 남편의 하숙집으로 느닷없이 쳐들어가 그를 감격시키라는 숙제도 냈다. 나는 한 번도 그렇게 하지 않았다. 절대로 안 하겠다는 결혼을 해줬고 아이 둘까지 낳아 줬으니 나는 남편에게도 내 자신에게도 많이 양보한 거라고 실로 같잖게 굴며 내내 미련 피웠다. 유년기에 잘못 입력된 성 지식은 그저도 어둔 그림자였으니 거기에 신앙 초년생의 옴나위없는 결벽이 더해져 한층 몸의 욕구를 자연스럽게 수용하기 어렵게 했던 것이다.

내가 청소년 상담자가 된 동기는 거기에도 있었다. 우선 청소년들에게 올바른 성지식을 넣어 주어 엉뚱한 일로 자책하며 갈팡질팡하지 않도록 돕고 싶었다. 상담원 교육을 받으면서, 상담에 임하면서 나는 불가항력적인 수컷 본능에 대해 뒤늦게 눈떴다. 비로소, 늦은 밤 무거운 걸음으로 빈 하숙방을 들어서는 남편의 뒷모습이 어른거리기 시작했다. 나는 우선 그의 수성獸性을 이해해야 했다. 어린 날의 내 경우처럼 잘못 입력된 성 지식으로 갈등하는 내담자의 전화를 받으면 '말하기보다 들어주기'가 기본인 상담자의 가이드라인을 넘어 간곡해지는 계기가 되기도 했다.

최재천의 진솔한 고백에 무릎을 칠만큼 자란 걸까. '즐거움' 때문에 아이가 많아진 네팔의 자전거 장수의 눈웃음을 여유 있게 받아 줄 것 같았다. 지금쯤은 자전거 장수의 아이들이 이미 눈웃음을 치기 위해 지름 3센티의 자전거 바퀴를 열심히 만들고 있을지 모르는 것이다. 저들이 그렇게 자연스럽게 받아들인 생리 현상을 두고 나는 왜 안개에 싸인 화두를 에돌듯 끙끙댔을까.

가끔 뜻 아니게 네팔의 소년 아비가 치받쳐 올 때가 있다. 가난도 성욕도 주어진 대로 받아들이는 건 곧 '개선을 시도하지 않는 게으름'이라고 내가 자전거를 보며 마뜩찮아 할 때다. 그러면 자전거 장수가 약 올리듯 실실 웃으며 묻는다. "그럼 너는 네가 원하는 것을 위해서 지금 3센티의 자전거바퀴를 만들고 있는가." 그에 앞서는 이 질문이 나는 두렵다. "너는 지금 꼭 하고 싶은 〈일〉을 가졌는가?" 나는 딴청 부리며 서성거린다. 찬물도 한 잔 마신다. 결국 답을 못 찾고 꼬마 자전거 앞으로 돌아와 멈춰 선다. 앞바퀴나 조금 더 쳐들어 줄까, 하고 웃는다.

(2003년)

3부

무력함에 대하여

약속시간에 맞춰 병원에 들어섰을 때 늙은 의사는 푸들의 털을 깎고 있었다. 눈웃음을 때고 아기를 어르듯이 개를 달래가며 요리조리 기계를 댔다 뗐다 하는 모습이 자애로워 보였다. 마음이 놓였다. 그럼에도 나는 꼭 체벌 받으러 불려온 아이처럼 굳은 목소리로 인사했다. 아직도 무슨 꼬투리를 잡아 되돌아설 수만 있다면 그러고 싶었다. 배낭을 내려 입구를 벌리고 안을 들여다보는데

"고양이네! 어디가 아파서 왔어요?" 푸들주인이 물었다.

"수술해 줄까하고…." 푸들주인이 수술에 대한 부정적인 정보를 흘려주기를, 그걸 핑계잡고 집으로 되돌아갈 수 있기를 기대했지만 푸들주인은

"아, 불임수술? 해주면 서로 편해요." 하고 가볍게 말했다.

푸들이 떠나자 의사는 내 고양이 〈아나〉를 저울에 올렸다. 체중을 확인하고 〈아나〉의 궁둥이를 헤치더니 재빨리 약솜을 칠하고 주사기를 찔렀다. 〈아나〉는 내 품속으로 후비듯이 파고 들었다. 5분쯤 지나자 〈아나〉는 사지를 빠르게 바르작거렸다.

"죽는 게 아닐까요?" 내가 묻자 의사는 가만히 고개를 저었다. 나는 놈을 안고 그의 심장에 입을 대고 미안해. 라고 말했다. 눈물이 나올 것 같았다.

20분쯤 후 의사는 또 주사를 놓았다. 〈아나〉는 곧 사지에서 힘을 빼고 늘어졌다. 빳빳한 적의를 드러내던 발톱들은 가지런히 모아져 무력해 보였다. 10분쯤 더 지나자 놈은 동공을 반쯤 열어 둔 채 푸르죽죽한 혀를 쭉 빼물었다. 의사는 〈아나〉를 수술대에 눕혔다. 닭의 모이그릇모양의 생철 수술대는 꼭 고양이 하나가 담길 만한 크기였다. 그는 스탠드라이트를 들이대고 푸들의 털을 깎던 기계를 들고 와 〈아나〉의 배를 밀었다. 가로 15센티 폭 10센티쯤의 분홍색 속살이 드러났다. 여린 살갗이 기계에 물릴까 봐 조마조마하던 나는 고맙다고 치하라도 하고 싶었다.

내가 아무리 간지러운 치하를 했더라도 의사는 더도 덜도 표정의 변화가 없을 것 같았다. 돕는 이도 없이 당신 혼자 동물의 털을 깎고 치우고 전화를 받고 틈틈이 애견용품을 팔고 신문 정리를 하느라 했지만 좁다란 실내는 지저분했다. 안쪽으로 칸막이된 수술실이라 할 어둑한 공간도, 약병이 몇 개 놓인

선반과 예의 수술대와 갈색 소독액이 묻은 걸레와 장갑과 앞치마가 줄줄이 걸려 있는 게 흡사 칠칠치 못한 아낙의 부엌 꼴이었다. 그의 부드러운 웃음과 따뜻한 목소리와 별로 잽싸 보이지 않는 손놀림이 지저분한 주위와 어울려 되레 묘한 안도감을 주었다.

의사는 먼저 〈아나〉의 복부에 갈색 소독액을 바르고 그 위에 다시 뽀얀 액체를 칠했다. 약물이 칠해진 곳은 철판쪽처럼 섬뜩한 금속광으로 번들거렸다. 가운데에 주먹만 한 구멍이 뚫린 매우 불결한 헝겊 쪼가리가 〈아나〉의 배 위에 덮였다. 그때 의사는 〈아나〉의 눈을 조금 뒤집어보고

"아주 갔구만!" 하고 약간 짓궂게 웃었다.

의사는 〈아나〉의 하복부 중간을 칼로 5센티쯤 세로로 쨌다. 희붓한 비계 층이 나왔다. 이어 비계 층 아래로 드러난 핏 빛 근육 층을 절개했다. 절개되어 벌어진 속으로 누르께한 주머니 같은 게 보였다. 주머니 주변에는 관형의 줄들이 몇 가닥 이리저리 이어져 있었는데 의사는 그 줄들 밑으로 검지를 넣어 잠깐 휘저었다. 그의 검지가 새빨갛고 도톰한 줄 가닥 하나를 걸고 나왔다. 핏줄의 양끝이 연한 갈색 실로 묶였다. 그 실은 살 속에서 녹아버리는 특수사라고 설명해 주면서 묶임의 중간 부분을 가르고 뒤적거렸다.

이윽고 아주 조그만 살점, 검지의 한 마디만큼도 안 될 크기의 살점을 들어 보였다. 적출된 〈아나〉의 난소卵巢였다. 주기

적으로 찾아와 제어 불능의 원초적인 힘으로 죽살이치게 했던 〈아나〉의 〈여성〉이었다. 나는 속으로 미안해, 미안해 거푸 말했다. 차마 '널 위해서야.'라고는 말할 수 없었다.

의사는 처음과 반대의 순서로 〈아나〉의 배를 정리해 나갔다. 흩어진 창자들을 제자리에 놓고 갈라진 곳을 아물려 꿰맸다. 창자들이 감춰지자 다시 근육 층을 여미고 굽은 바늘로 떠서 매듭을 지어 끊었다. 비계 층도 그렇게 바느질했다. 두 번 다 녹아 없어진다는 연한 갈색 실을 썼다. 맨 마지막 살가죽은 검은 실로 우선 듬성듬성 꿰매고 다시 그 사이를 건너뛰면서 한 뜸에 한 번씩 매듭을 짓고 잘랐다. 절개부분이 틈 없이 맞붙고 몇 개의 검은 실매듭이 가지런히 남았다.

〈아나〉는 보일 듯 말 듯 숨통만 달싹거릴 뿐 꼼짝 안 했다.

"살아나겠죠?" 나는 기어이 묻고 말았다. 의사는 푸들이나 〈아나〉에게 보내던 그 부드러운 웃음만 띠고 있더니 30분쯤 후

"자, 마지막이다!" 하고 한 번 더 주사를 놓았다. 혀는 늘어진 채였고 반쯤 벌려 뜬 눈동자에는 빛이 들지 않은 채로 나는 〈아나〉를 구기듯이 배낭에 담았다.

집에 돌아온 나는 〈아나〉의 앙다문 이빨 사이에 손가락을 넣고 깨어나기를 기다렸다.

"두 번 다시 이 따위 짓은 안 할 것이다! 절대로 애완동물을 기르지 않을 것이다! 어떤 사랑에도 매이지 않고 눈멀지 않고 밍밍하게 살리라. 아, 돌처럼 무디어지리라." 나는 마음을 다지

고 다졌다.

얼마나 지났을까. 놈의 입에 물려둔 손가락에 미미한 자극이 왔다. 자긋자긋 손가락을 깨무는 놈의 이에 차츰 힘이 들었다.

“살아났구나!” 나는 소리쳤다.

“미안해, 미안해!” 또 소리쳤다. 핑 눈물이 돌았다. 상처가 아물기도 전에 〈아나〉는 다시 부드럽게 안겨왔다. 전보다 더 무구하게, 더 무력하게 안겼다. 내 가슴 밑 어딘가에 칼끝이 느껴졌다. 그의 〈여성女性〉을 자르던 칼끝. 천리天理를 거스르던 그 칼끝. 순간 싸아 내 전신에서 힘이 내리고 있었다.

(2002년)

대학로에서 장미를 사다

크림색 장미 한 송이를 샀다. 그의 전시 장소는 대학로의 한 지하 화랑이었다. 좁은 층계를 내려가면서 그를 만나면 무슨 말을 할까, 어떻게 설명하면 가장 빨리 오래 전의 그 희미한 기억을 되살리게 할 수 있을까, 궁리하며 약간 긴장했다. 어이없는 일이었다. 환갑을 지난 나이에도 이성異性 때문에 긴장할 수 있다니, 남은 실소할 일인데 나는 웃음이 나오지 않다니.

그와 나는 한 번도 만난 적이 없다. 여고 졸업을 앞두고 펴낸 교지校誌에 실린 내 단편소설을 본 그가 소위 팬레터를 보내와 겨우 이름을 기억하게 됐을 뿐이다. 그는 그때 미술대학 2학년이라 자기를 소개하면서 그것을 증명하듯 도합 열 장의 팬레터에 스케치 두 장을 동봉했던 것이다. 스케치는 반추상의 나체화였다.

대학 진학의 길이 막힌 내가 시골집에 틀어박혀 불온한 공상을 하면서 삐딱한 눈으로 세상을 곁눈질할 때였다. 교지에 적힌 시골집 주소로 부친 그의 편지는 외출했던 아버지 손에 먼저 들어갔다. 안면 있는 우체부가 아버지를 만나 건넸던 모양이다. 나는 아버지 앞에서 최대한 조신한 표정을 지었다. 아버지는 마치 실절失節한 딸을 다스리는 옛 선비 투로 그의 편지에 대해 다그쳤다. 나는 차분한 목소리로 편지의 성격을 설명했다. 구차스러웠지만 해냈다. 아버지가 그 편지의 성격을 이해 못해 다그치는 게 아니라는 걸 뻔히 알면서 그런 대꾸를 하느라 심사가 꼬였지만 티를 낼 수는 없었다.

"이따위 그림을 그려 여자애에게 편지질이나 하는 작자, 사람 구실을 하겠는가?" 아버지는 먼저 그의 됨됨이를 트집잡았다.

"글을 써서 발표한 네 탓도 없다 할 수 없으니 혹여 편지 답장 같은 건 낼 생각 말고…." 에서 어물어물 그쳐준 건 아버지로서도 많이 양보한 셈이었다. 그럼에도 내 모욕감은 덜리지 않았다. 평소 아버지로부터 거의 꾸중을 들어본 적이 없어 면역이 안 된데다가 하필 그런 건으로 변명을 늘어놔야 하는 내 처지가 으쩍 혀를 물고 싶도록 싫었다. 그런 쪽에 틔지 못한 걸로 치면 내가 아버지보다 한 술 더 떴을지 모른다. 이상한 결벽증에다 오기가 겹쳐 죽을 맛이었다. 이성으로부터 편지를 받았다는 것만으로도 내 순수에 얼룩이 진 거 같아 비위가 뒤집힐 판인데 아버지의 꾸지람까지 듣다니, 발신자에 대한 원망이 분노로 변했다. 1950년대 충청도 계집애의 이중성이었다.

그러나 어쨌든 그 편지는 내가 이성으로부터 받은 최초의 글이었다. 더구나 내 글을 읽고 정성들여 쓴 열 장의 독후감이었다. 마음의 동요가 없을 수 없었다. 연서戀書의 냄새를 맡으려고 몇 번이나 되읽었다. 민망한 대로 반추상의 나체화에도 의미를 두고 자꾸 뜯어봤다. 그러는 한편 편지를 없애기로 한 아버지와의 약속도 하루빨리 지키고 싶었다. 그것이 내 결백을 증명하는 유일한 방법이었다. 친구 혜정이에게 편지를 부쳐주면서 읽고 태워달라고 했다. 며칠 후에 태웠다는 답장을 받았다. 약간 서운했다.

그가 시인으로 등단한 걸 지면을 통해서 알게 되었다. 얼마 지나지 않아 그가 시인도 아니고 화가도 아닌 전연 다른 방면에서 활동하는 근황을 읽었다. '다방면에 재능이 있는 사람이었구나' 감탄하면서 나는 마음이 묘해졌다. 전날 그와의 미미한 인연에 비중이 두어지려 했다. 그와는 생판 남남이 아닌 듯한, 그가 빛날수록 내 가치도 덩달아 높아지는 것 같은 실로 어처구니없는 으쓱함이었다.

그가 첫 번째 전시회를 연다는 기사와 함께 실린 사진을 보면서 웃었다. 무슨 사진이 이래? 실망이었다. 미남도 아니고 예술가다운 면모도 없고 수재형의 표정도 아니었다. 전시회장엔 가지 않았다. 언젠가 한 번 어떤 백화점에서 그 사진과 닮은 사람을 한참이나 미행하다가 돌아서서 웃은 적은 있다. 내가 그의 코앞을 스친대도 그는 결코 여고 적 단발머리 소녀의 사진과 중년 아낙을 연결할 리 없음을 뻔히 알면서도 그를 뒤쫓으며 조마조마했던 게 어이없었다.

전시장 지하 공간은 의외로 좁았다. 의도적으로 그랬는지 전시된 작품도 몇 되지 않았다. 크지 않은 액자가 드문드문 걸린 화랑은 마치 전시 준비가 채 끝나지 않은 인상이었다. 움직이는 인체의 크로키 전이었다. 굵은 붓질로 율동을 형상화하느라 강조와 생략이 지나쳐 추상만큼이나 어찔어찔할 뿐 어떤 찔림도 주지 않았다. 전에 읽었던 그에 대한 긍정적인 작품 평 대신 사석에서 들은 어떤 이의 혹평이 떠올라 미안해졌다.

전시장엔 사람이 하나도 없었다. 지킴이의 자리도 비어 있었다. 다행이다 싶으면서도 한편 아쉬웠다. 더러 전시장을 돌다보면 작가가 다가와 말을 붙인 적도 있어 이번에도 그런 우연을 기대했는지 모른다. 시치미 떼고 이런 저런 질문을 하면서 그를 살피는 게 얼마나 재미있을까 상상했을 수도 있다. 두 번 다시 그의 전시회를 찾을 마음은 없었다. 멍멍한 표정인 그 앞에서, 까마득한 옛 기억을 떠올려주려고 장황한 설명을 했다면 얼마나 남루할 뻔했는가, 아찔했다. 나는 빈 책상에 장미를 놓고 돌아섰다. 문을 나서려다 다시 돌아보니 기다란 줄기 끝에 달린 작은 꽃송이가 안쓰러워서 그만 집어 들고 나올까 했다.

그로부터 머리가 쑤석거렸다. 장미가 그의 손에 들어갔을까. 누가 그걸 놓고 갔는지 궁금해 할까. 전화로 물어볼까. 전화번호를 어떻게 알아내지? 114에 물을까. 화가협회로 물을까. 시인협회로 물을까. 화가들도 여러 갈래일 터이니, 어느 분야로 묻는다? 요행 전화번호를 알아냈대도 그 동안에 집을 옮겼으면? 그보다 전화를 했을 때 그의 아내가 받으면 나를 뭐라고 소개할까.

문득 걸음을 멈췄다. 지금 내가 무슨 생각을 하고 있는 거야? 그 번거로운 절차를 따라가면서까지 내가 하려는 일이 대체 뭐지? 그건 꼭 해야 할 일인가? 웃음이 나왔다. 여럿 소리가 들렸다. '참, 할 일도 없다!' 하는 야무진 친구의 비아냥, '뭐, 어때요? 한 번 만나 차라도 한 잔 하시지….' 후배 문우의 달콤한 꼬드김, 그런데 마치 죄인을 심문하는 투의 저음이 있었다. '지금 대체 몇 살이냐?' 내 목소리였다. '알았어. 알았어.' 고개를 급히 주억거리는 투의 답변도 내 목소리였다. 그렇게 크게 주억거렸으면 끝날 줄 알았다. 그런데 그게 아니었다.

'장미가 시들기 전에 그의 손에 들어갔으면' 하는 마음이 곰실곰실 되살아나고 있었다. 전화를 걸어볼까, 하는 생각도 바짝 구체성을 띠었다. 머리를 절레절레 흔들어도 소용없었다. 그와 얼굴 마주 대고 너스레를 떨 마음까지는 아니었다. 그럴 용기도 의욕도 없었다. 겁이 나기도 했다. 젊지도 않고 품위있게 늙지도 못했고 부유한 티나 명예를 얻었음직한 태가 날리도 없고, 화젯거리나 푼푼한가. 어투가 매끄러운가. 도대체 그에게 약간의 충격이라도 줄 건더기 하나 없었음에도 나는 그를 만나고 싶었다. 전화로라도 미색 장미 한 송이를 보았는가, 그걸 갖다 놓은 사람이 누군지 아는가, 묻고 싶었다. 서른 몇 해를 당겨오고 싶었다. 그의 기억을 되살려 잠깐 쑥스러워지고 싶었다.

다행인지 불행인지 갈증에 가까웠던 나의 공상은 엉뚱한 데서 박살이 났다. 나를, 그림으로 친다면 고양이도 못되는 나를 호랑이로 잘못 봐버린 시력 나쁜 교우의 전화 한 통으로 해서였다.

"선생님, 건강하시지요?" 경쾌한 목소리, 의례적인 안부 전화였다. 순간 나는 몸을 바로 했다. 그녀만큼 싱싱한 목소리는 아니었지만 어차피 나는 그의 호랑이였다.

"그럼! 나야 항상 속속들이 건강하지. 마리아는 어때?"

"와! 신난다. 저는 선생님 목소리만 들어도 힘이 나요!"

"정말?"

"그럼요.!" 몇 마디 오가는 걸로 전화는 끊겼다. 코가 찡했다. 미안해서, 무안해서, 고마워서, 부끄러워서 무엇보다 호랑이가 못 되는 게 억울해서 나는 울고 싶었다. 아첨이나 과찬이, 거품이나 풍선만도 못한 그것이 때로 이런 신효神效를 내다니. 나는 일순에 장미를 날렸다.

(2002년)

살 좀 빼라

평일의 등산객은 정규 산행꾼들 외에 최근에 정년퇴임을 한 듯 말짱한 새 등산복을 입은 초로들 몇몇이다. 그런 산길에서 젊은 남자들을 만나면 'IMF!' 가슴이 내려앉는다.

한 젊은이가 어린애를 목마 태우고 천천히 산을 오르고 있었다. 그의 한쪽 손에 별로 부풀지 않은 검은 봉다리가 디룽거렸다. 어쩌나, 나는 상상한다. 혹 밥줄이 끊겨 아내를 파출부로 내보내고 애보개가 된 가장이 아닐까. 아니, 그들 부자의 철 지난 차림새와 쭈구렁한 봉다리로 보아, 참을성 없는 아낙이 남편과 애를 팽개치고 도망구니 놓았을지 모른다고까지. 저 젊은 아비는 어린애를 목마 태우고 등산로 입구의 늘비한 먹거리 가게들을 아이 몰래 도망치느라 얼마가 숨찼을까. 그래도 철없는 아이는 열심히 먹거리 이름을 주워섬기며 아비의 속을 할퀴지 않았을까. 한층 더 서글픈 상황도 그린다. 벌써 눈치 빤해진 어린놈이 제 먼저 한눈을 파는 척 음식 장사를 비켜 능청떠는 것이다. '아빠 난 하나두 엄마 안 보구 싶어.' 하던 꼭 그 어투로 '아빠 난 하나두 안 먹구 싶어.' 하며 시치미 떼는 애늙은이를 마주해야 하는 무력한 아비. 그렇게 내 주책없는 연상이 상한선 모르고 뻗어 가는데

"아빠!" 갑자기 아이가 빽 고함을 지른다.

"엄마랑 같이 가자니까아! 엄마가 안 보이잖아아!" 아이는 목마를 탄 채 상체를 뒤로 비튼다. 뒤를 돌아본다. 저만큼에 살집 실팍한 아낙이 배낭을 지고 올라오며 아이를 향해 쑥스러운 듯 웃는다.

"살 좀 빼라. 살 좀 빼." 남편이 말한다. 아낙이 금세 샐쭉해진다. 나는 더럭 아낙이 고맙다. 좀 뒤뚱거리면 어떠랴. 좀 찌무룩한 낯빛이면 어떠랴. 지금 이렇게 산을 오르듯이 함께 견디어만 준다면, 반찬 그릇 성글어진 밥상 내밀기가 미안해서 제 먼저 뚱한 표정을 짓더라도 매끼 더운 밥 거르지 않고 아이와 함께 앉아만 준다면 나는 그 아낙이 고맙다. 기원한다. 어여쁜 1998년의 젊은 아낙들아. 조금만 참아주렴.

(1998년)

개처럼 살고 싶다

큰 개 한 마리가 우리 일행이 쉬고 있는 능선으로 올라왔다. 하얀 몸바탕에 진갈색 무늬가 점점이 얼룩거리는 기품 있는 개, 널따란 귀가 두터운 헝겊 덮개처럼 척 늘어진 것도 의젓했다. 우리가 두려운 표정으로 수런거리는데 뒤미처 올라온 개 주인이 숨을 헐떡거리며 급히 말했다.

"이 개는 순해서 절대로 물지 않아요." 기껏 편한 웃음으로 우리를 안심시키려했지만 우리 표정이 그냥 긴가민가하는 듯 보였던지 곧 말을 이었다.

"이 커다란 덩치가 글쎄 쪼끄만 똥강아지에게 가만히 서서 물린다니까요."

나는 비로소 웃었다. 미국에서 엄청난 값으로 사들여 왔다는 크고 늠름한 개가 조그만 재래종 강아지에게 가만히 서서 물린다는 게 여간 우습고 고소하지 않았다.

그 개는 족보 있는 사냥개 부모에게서 사냥개로 태어나 사냥개로 훈련 받아서 오직 사냥감 앞에서만 맹견, 충견으로서의 제 힘을 드러낼 뿐이라는 설명이 이어졌다. 커다란 개를 물어 울렸다는 재래종 강아지를 한참 신통해 하던 나는 머리가 띵했다. 아무데서나 함부로 자기의 힘을 휘두르지 않고 꼭 힘을 쓸 곳에서만 혼신의 힘을 뽑는 개. 괜히 부산스레 여러 개의 목표물에 힘을 분산하느라 매번 주인 앞에 실한 포획물 하나 못 내놓고 코 빼고 꾸중 듣는 개. 나는 후자 쪽에서 쭈뼛거리는 개의 기분이었다. 뭔가 낭비했다는, 하여 면목 없다는 것만은 확실한데 더욱 딱하게도 나는 도대체 뭘 얼마나 어디에 낭비했는가를 가늠 못하고 있었다. 얼결에 한마디는 했다. '저 개처럼 살아야 하는 건데.'

(1999년)

대사관을 뜯어 씁시다

묵은 신문을 뒤적이다가 '우리문화연구원장' 이훈종님의 짧은 글을 읽었다. 그 글 속에 등장하는 김화진이란 분의 일화 중에 '대사관待死館'이란 희한한 단어를 보고 웃었다. 김화진 선생은 노인들이 잘 모이는 곳을 '죽음을 기다리는 사람들이 모이는 집'이라고 이렇게 명명했다는 것이다. 그분은 또 양담배 갑에 국산담배를 넣고 다니며 피우다가 양담배 단속을 나온 전매청 직원에게 들키면 쓰윽 양담배 갑을 내밀면서 "자넨 한국 사람이 왜 양복을 입고 있나? 어쩔 수 없어 남의 풍속을 따르더라도 제정신은 놓지 말아야지."하고 약을 올린다고 했다.

내 눈은 다시 '대사관'에 머물렀다. 마더 테레사 수녀가 생각났다. 인도의 빈민가에 그녀가 세운 비슷한 이름의 집이 있다 한다. 침침한 거리 한 모퉁이에 지은 집, 살아있는 동안 단 한 번도 사람대접을 받아보지 못하고 밟히기만 하다가 죽음을 맞게 된 실로 구차한 생명들을 그 집으로 끌어들이기 시작하자 어둔 거리가 홀연 빛났다. 그들, 밟히기만 했던 이들이 처음이자 마지막으로 자신의 존엄성을 느끼고 죽어가면서 아주 편히 웃었기 때문이다. 하여 그곳은 대사관, 그러니까 '죽음을 기다리는 집'이 아니라 사람으로 태어나는, '사람으로 태어나기를 기다리는' 생명의 집 문지방일 것이라고 나는 생각했다.

앞서거니 뒤서거니 생명을 가진 것들은 소멸되기 마련, 몸은 일시 영혼을 담아두는 일회용 대사관임엔 틀림없다. 그 집을 어떤 이는 팔구십 년 써먹다가 비우기도 하지만 느닷없이 십 년 안팎이나 그보다 빨리 비우게 될 때도 있다. 어찌 비워지건 일단 누군가의 소유였던 그 집은 함부로 양도하거나 빌려쓸 수 없다. 그러나 이제 생전의 그 집 주인의 말 한마디에 따라 마치 빈 집의 쓸 만한 문짝이나 마룻장 가재도구를 재사용하듯 사후 인체의 부분 부분도 새 주인의 필요에 따라 제구실을 이어할 수 있게 된 것이다.

사후의 장기이식, 빈집을 헐어 아직 성한 부분들을 나눈다면 그 집은 더 이상 일회용 대사관이 아닐 것이다. 떠나는 영혼과 함께 삭아버릴 집에서, 아직 뜯어 나눌 만한 부품이 무엇인가, 수시로 점검해 보고 쓸고 닦아 쓰임새 있도록 간직했다가 필요한 이에게 넘기자는 풍조가 자연스럽게 돌고 있다. 머잖아 죽어서까지 몸에 연연하여 성한 장기 나누기를 꺼리는 게 부끄러운 일이 될지 모른다. 과감히 자기 몸의 사후훼손을 허락한 사람의 육신은 일회용 대사관에서 그 위상이 올려지리니 이쯤 실로 '말 되는' 말에 끄덕이지만 나는 아직도 대사관에 연연하며 머뭇대고 있다.

언젠가 한번 장기이식에 대해 내 의사를 꺼내자 남편에 앞서 아들애가 단호히 고개를 젓는 순간 나는 뜨겁게 치솟는 숨을 겨우 삼켰다. 이뻐라! 내 새끼. 나는 결국 아들의 효심을 핑계로 엉거주춤 대사관을 지키기로 하고, 그러면서도 남의 대사관이 헐리는 걸 입에 침이 마르도록 칭송하며 속으로 찔리는 중이다. 죽기 전에 변덕이 나서 실수처럼이라도 내 대사관을 조각조각 뜯어 쓰라는 끝말하기를 은근히 바라기는 한다. 혹 아는가, 말이 씨가 되어 그렇게 해서라도 내가 미련을 버린다면 누군가 좀 편히 새 세상을 살 것이고 내 대사관은 격상될 것이다. 내 부품들은 과연 새 주인을 만나 제몫을 할 만큼 성할까 걱정까지 한다.

생명과 관계된 일을 두고 변덕 운운하는 것도 송구스럽고 그걸로 다 써먹은 묵은 집의 격상을 노리는 계산속도 밉상, 누군가 혀 차는 소리에 귀가 솔다. 힘차게 혀를 차는 그 사람은 분명 대사관지기가 아닐시 분명하니 미리 그에게 부끄러워할 참이다.

(1998년)

시가체의 강아지

티베트 시가체 라쉬룽포 사원에서 내려오다 일행을 놓쳤다. 어만 데 눈 팔았을 것이다. 쨍한 햇살이 정수리를 찍었다. 사찰로 가는 길은 단조로워 일행의 집결지를 가늠하기는 쉬웠지만 마음이 편친 않다. 내리막 골목길을 혼자 걷는다. 바짝 마른 길바닥에 박혀 맨질맨질 닳은 돌들이 햇살에 달궈져 화기를 뿜는다. 그 돌들 사이를 비집고 가까스로 몸을 빼올린 풀들이 새들새들하다. 내 그림자가 아주 짧다. 소리가 증발한 골목은 마치 진공이다. 햇살이 투명함에도 시야는 엉긴 젓처럼 빽빽하다. 걷다가 뒤돌아보면 아득한 언덕 꼭대기에 하얀 사발 모양의 탑신 상부가 황금색으로 빛났다. 느리게 흔들리는 오색 헝겊 깃발을 배경으로 남빛 하늘이 아득했다.

검은 강아지 한 마리가 따라붙고 있었다. 강아지에게 소리

내어 중얼거린다.

"강아지야. 나는 길을 잃었고 정신이 몽롱하다. 저 자욱한 햇살이 숨 막힌다. 이 골목이 편해진다. 자꾸 웃음이 나오려고 한다. 이런 현상을 나는 겁내야할 거 같다. 이제 곧 나는 '진리가 너를 자유케 하리라' 뇌일지도 모른다. 그 자유속에 나는 이미 든 거 같다. 나는 예서 더 주제넘어진다. 나는 벌써 '나 이대로 사라지리.' 누군가의 싯구를 뇌는구나. 강아지야, 강아지야."

멈춰 서서 강아지와 눈 마주친다. 무구한 눈길이 나를 직선으로 꿰뚫는다. 주머니를 뒤져 사탕을 꺼내 던진다. 강아지는 덥석 물었다가 놓친다. 다시 물었다가 놓친다. 사탕이 너무 컸다. 골목을 꺾여 돌며 돌아보았다. 적막한 골목에서 강아지는 사탕에 열중하고 있었다.

나는 얼마 안 가 몽롱함의 이유를 알고 폭소한다. 마치 저승 근처를 서성인듯한 느낌은 바로 고산병의 증세일 거라고 안내자가 말했다. 뒷골에 강한 전기 충격을 받은 듯, 센 흡반吸盤에 물린 듯 띵한, 입덧같던 메슥거림, 낮게 낮게 까라져 눕고 싶은 이 모두를 그는 간단히 '증세'로 뭉뚱그렸다. 다소 헛심 빠지지만 상관없다. 그게 어쨌단 말인가. 빈 골목의 강아지는 여전히 제 입에 너무 큰 먹이를 물었다 놓치고 다시 문다. 끝없는 도로徒勞에 열중하는 그가 나인지 내가 그인지 모호했던 저 낯선 공간 이 한낱 '증세' 란들 어떤가. 내가 그만큼 가까이에서 실로 편하게 생의 저쪽과 이쪽을 동시에 내왕했던 기억은 실재였으니 내가 그것을 감히 선험先驗이었다한들 어떤가. 그 순간 거기는 나의 해방구였음에.

그로부터 3년 후 나는 다시 거기 갔지만 그 골목은 찾을 수 없었다. 그 어름에서 한 여인이 청아한 고음으로 티벳 민요를 뽑으며 나를 바라봤다. 순간 지금 여기도 3년 전의 거기도 지상에 없는 시공일지 모른다는 생각이 들었다. 나는 여인을 바라보았다. 눈동자가 낯설지 않았다.

(2004년 고쳐씀.)

씨알을 묻는 마음

"할머니–"

세 번이나 불러도 대답이 없다. 울까 말까.

처음은 멀리서 길게, 다음엔 숨차게 달리면서, 마지막엔 할머니 턱밑을 머리로 치받으면서. 그 사이 나긋했던 내 응석투의 목청이 반 울음이 되었다.

할머니는 옥수수를 심고 있었다. 땅을 찍은 호미등 너머로 옥수수 서너 알을 흘려 넣고는 호미 끝을 살짝 들면 씨알들이 절로 묻혔다. 그런데 할머니는 입술을 옭아 맨 자루목처럼 조이고 그 손놀림만 계속할 뿐 나를 본 척도 않는다. 심술보가 터진 나는 씨알이 막 잦아든 자국을 따라가면서 헤집어댔다. 급기야 나는 할머니의 팔꿈치에 호되게 맞고 퉁겨 엉덩방아를 찧는다. 뒤집힌 구멍을 다독거리는 할머니의 손이 덜덜 떨리고 있었다. 이제 곧 "워쩐댜? 이 마구니가 하눌 무서운 줄 물르구, 이 곡석얼, 이 흙얼…."하며 내 등판을 후려치리라 했으나 왠지 할머니는 입술만 더욱 바짝 옭아맬 뿐이었다.

그해 여름.

"이 옥수깽이럴 심넌디, 저 밉상이 워찌나 할미를 불러쌓던지, 내 그래두 끝끝내 대꾸 한마디 안 했거던!"

동네 아낙들과 찐 옥수수를 뜯으면서 할머니는 새삼 내게 눈을 흘겼다. 옥수수를 심을 때 하마 이빨을 내보이면 옥수수 알이 마치 이 빠진 듯 엉성하게 박힌다고 굳게 믿고 있던 할머니는 이제 알알이 실한 옥수수를 앞에 놓고 그렇게 득의만면했다.

터울 잦은 동생들의 똥 얼룩으로 늘 쿰쿰한 당신 치맛자락을 막내 삼촌이 타박하면

"산삼 썩은 물보다 똥 썩은 물이 웃질上質인 겨!"

당당하게 면박 주던 할머니. 할머니는 실제로 신발바닥에서 떨어진 흙고물을 쓸어 모으면서 "흙이 보밴디…."했다. 그 보배 속에 씨알을 묻을 때부터 깊이 옷깃을 여미는 마음이었으리니 당연히 그에게 있어 땅이 내어주는 모든 것들은 거의 신神의 격(格)으로 떠받쳐야 할 그 무엇이었으리라.

나는 그 해 옥수수 알이 그리 총총 박힌 이유를 의심해 보지 않았다. 쉰 해도 더 넘은 지금까지 한 번도.

(2001년)

서리 밟던 소년

가끔 그 소년 생각이 난다. 남편의 두 번째 임지였던 충남 천안군 직산면 삼거리. 낯선 동네로 이사해 한참 마음이 스산했던 때다. 나는 새벽마다 산책을 나갔다. 초겨울이었다. 호젓한 산길에서 소년을 만났다.

아직 해가 뜨기 전, 희고 긴 서릿발이 길섶 마른 풀 위에서 서슬이 빳빳했다. 소년이 저쪽에서 마주 걸어오고 있었다. 그는 반 뜀질로 몇 걸음 걷다가 풀썩 주저앉고 다시 발딱 일어나 몇 걸음 뛰고 하는 걸음새를 되풀이 하면서 다가왔다. 가까이 온 소년은 내게 고개를 꾸벅하고 벌쭉 웃었다. 길 건너 집 셋방 아이였다. 맨날 어둑신한 방에 누워 앓고 있던 소년의 홀어머니는 가끔 쇠된 목소리로 소년을 꾸짖어 내쫓곤 했는데, 방문이 탕 열리면서 소년이 뛰쳐나올 때만 그를 향해 욕질을 해대는 그녀의 새까맣고 깡마른 얼굴이 문 앞으로 다가왔다. 쫓겨난 소년은 얼마 안 가 무심상한 표정으로 휘파람을 불었다. 그럴 때 소년은 어쩐지 실제 나이보다 두어 살쯤 더 들어 보였다. 그래봐야 고작 열한둘?

소년은 맨발이었다. 또 쫓겨났구나, 나는 눈으로 말했다.

"괜찮아요." 하듯이 소년이 웃고는 누더기 앞자락을 조금 들쳐 보여 맨발로부터 내 시선을 끌어올렸다.

"어머나!" 골무만한 새 새끼였다. 소년은 품에서 꺼낸 새 새끼를 조심스럽게 길바닥에 놓고는 나를 올려다보면서 싱긋 웃었다. 내내 소년은 그렇게 새를 날리고 따라잡고 또 날리며 온 모양이었다. 새는 어쭙잖은 날갯짓으로 마른 풀 위로 날아가 앉았다. 소년이 뛰어가 놈을 살풋 쥐어다가 다시 품에 넣으면서 중얼거렸다.

"그봐! 발 시렵지?" 그리고는 또 나를 보고 웃었다. 나는 가던 길을 되돌아서서 소년을 따라 걸었다.

얻어 입은 단벌 학생복으로 사철을 나면서도 정작 학교 문전에도 못 가 본 소년. 그래도 늘 휘파람을 부는 소년. 자기는 맨발로 서리를 밟으면서도 작은 새를 깊이 안는 소년. 나는 좌우로 조금씩 으쓱거리는 소년의 어깨에서 뿜어 나오는 힘을 보았다. 그때 나는 집요하게 달라붙어 새벽잠을 깨우는 걱정거리에서 잠깐 놓여날 수 있었다.

일상이 유독 멀건 흰죽물 같다고 트집 잡고 싶을 때 나는 그 소년을 불러온다. 담판짓듯이 꿈꾸듯이 후회하듯이 소년을 마주한다. 소년이 씩 웃는다. 왜 나는 진작 이 힘찬 길라잡이를 따라잡고 함께 맨발이 되지 못했을까. 그는 언제 불러 와도 맨발로 서리를 밟으며 휘파람을 분다.

(2001년)

캐나다에서

문협 주관 해외 세미나가 캐나다에서 있었다. 이른 아침, 호텔 화단에서 도라지꽃을 보았다. 하마터면 '오냐, 내 새끼!' 할 뻔했다. 도라지는 우리나라, 중국, 일본 등 동양 3국 야산에 분포한 다년생 식물이지 않나. '뭐 하려 예까지 와 낯선 땅 뜰 한 귀퉁이에 오스스 섰는고.' 흐린 보랏빛이 안쓰러웠다. 남의 나라에 뿌리내리기까지 안간힘 했을 교포들을 연상했을 것이다. 이제 당신들의 뿌리가 곧 도톰하게 부풀 거라고 주책없이 등을 두드려주고 싶었을 것이다. 세미나는 기대만큼 알차지 못했지만 '해외문학상'을 수상한 김영주 시인의 잔잔한 미소는 아름다웠다. 내공이 받쳐주던 그 든든한 미소는 바로 교포들의 현주소일 거라고 믿고 싶었다. 그곳 문우들과 훈훈한 사석을 마련하지 못한 게 아쉬워 교포들이 발행하는 광고 신문을 한 보따리 챙겼다. 광고신문에 담긴 저들의 미래를 성원하고 도라지꽃을 기억하자는 속셈이었다.

캐나다는 넓었다. 끝내 변邊을 보여주지 않는 땅은 되레 막막했다. 민들레 씀바귀 자운영의 낯익은 꽃 빛이 바랜 듯 흐린 건 땅의 광활함과 무관하지 않을 듯싶었다. 노을도 흐리고 중국인 촌에서 걸어 나오는 백인 소녀의 눈빛도 흐렸다. 마약으로 풀린 동자瞳子를 대낮에 보는 건 섬뜩했다. 건널목 신호등이 풀리자 남루한 차림의 중국인이 남루한 차림의 친구를 부축하고 건넜다. 친구는 절룩거렸다.

녹아내리는 빙하 맛이 싸아했다. 북한산 바위너덜에 매달렸던 고드름 맛보다 더 싸아한 것 같았다. 외국 여행에서 국적을 질문 받을 때마다 '남한'이라 답하며 씁쓸했다. 연어 부화장에서 어미 연어의 눈물겨운 모정과 모천회귀 본능을 묵상하면서도 싸아했다. 남북으로 잘린 우리에게도 아직 공유 공감하는 가슴 찡한 전설과 민담 민요가 있다. 거미와 우렁이 새끼의 배은송背恩頌에 할머니들이 구전하는 애절한 민요와 옛 이야기들이 더 변색하기 전에 더 흐려지기 전에 어서 통일이 돼야 할 텐데, 급해진다. 문득 김치가 먹고 싶다. 쓰레기로 빚었다고 한동안 구박받던 만두도 먹고 싶다. 이 불현듯한 식욕은 애국심이 아닐까. 무심히 소매를 늘려 태극기 액자를 닦고 싶은 그런. –

(2004년)

추연이

첫 수필집 〈분홍 양말〉에서 실명을 거론하며 침침한 가족사를 들춰낸 고향 또래 추연이를 볼 때마다 속으로 미안해한다. 그네는 무심상하다. 일 년에 두어 번 맞는 초교동창회에서나 얼굴을 마주하게 되는 그는 늘 "엄니헌티 잘 헤디려! 돌아가시면 그만여!" 그 말부터 한다. 꼭 손위언니 마침이다.

추연이가 한참 곤궁하던 우리 친정아버지께 담배를 사드리는 등 나 대신 딸 노릇 톡톡히 했다는 말을 전해 듣고도 공치사 한 번 못한다. 예나 지금이나 번듯하지 못한 그네의 밥집은 이제 그네만의 손맛을 인정하는 노인층 지방 유지有志급의 단골이다. 그 바쁜 일손에도 초파일을 앞두고는 몇 밤을 새워 연등燃燈을 만들었다며 환한 얼굴이 되더니 아들 셋이 모두 자가용을 가졌다고 할 땐 더 환해진다. 제 자랑을 하는 사람이

이만큼 이뻐 보이긴 어렵다.

"늬네 친정집에서 진작 팔아버린 땅값이 시방 0이 하나 더 붙었단 말여!' 그가 사뭇 앵하다는 투로 결기를 부려도 내가 별 반응을 보이지 않으니까 얼른 건강이 제일이라면서 채식 예찬으로 들어가더니 좌르륵 건강 정보를 펼치는 것도 이쁘다. 토마토 색으로 붉은 그의 얼굴이 불안해서 건강하냐고 여러 번 묻고 싶었지만 그냥 벙벙히 웃는다. 그네처럼 착한 사람은 무병장수하리란 덕담마저 가만히 속으로 한다.

(2005년)

4부

제3자

두 남자의 향기

죽이지 마소

700번 치던 시계

나, 사람?

도토리의 염량

여우비

오늘은 엄살해야겠다

〈게르니카〉의 몫

그래서, 뭐야!

제3자

조촐한 여행지의 저녁 어스름. 8순 어머니가 일행 몇과 여행지 숙소 주변을 서성거리다가 한 쌍의 남녀를 만난다. 초로의 신사와 2십 안팎 아가씨, 한 눈에 〈부적절한 관계〉임을 간파한 어머니의 19세기 정서가 곤두선다. 노신사가 과녁이었다.

"할아버지! 참 좋아 보이시네유. 이런 곳에 손녀딸 데리고 여행하시는 분, 흔찮은 일인디…." 쓰윽 올려주는 웃음은 더없이 흥건하지만 찬물 끼얹기, 노신사는 그냥 허허허 웃더라고 했다. 나는 어머니의 이야기 중동을 자른다.

"엄니두 심술은? 안 그럴 수도 있는데.. 얼마든지 안 그럴 수도…."

"그 할아배가 도둑놈 같아서… 그 어린 지지배가 측은해서…." 바로 그것이, 유흥가의 아가씨가 모두 '홍도'로 보이는 어머니 연배의 정서情緖였다. 어머니의 의분성 측은지심을 십분 이해하면서도 나는 매사 일괄一括하여 뭉뚱그리는 건 싫다. '김동인의 〈배따라기〉가 생각났다. '아니 땐 굴뚝에 연기 나랴.'는 속담이 일쑤 화형감 마녀를 만들었다. 누명을 벗을 길 없는 젊은 아낙은 필경 생목숨을 끊는다. 억원抑冤을 달래는 '고풀이' 굿에서 무당보다 더 치뛰던 동네 아낙들이 생각난다. 고향의 옛 아낙들은 너나없이 묽혀야 할 한을 품고 있었다. '지레짐작 매꾸러기' 도 불러오고 '내 맘 잡아 남의 맘'이라는 속담도 불러 어머니의 등등함을 옴나위없게 묶고 싶다. 왜 나는 아예 어머니의 눈이 정확할 수도 있다는 생각을 밀어내려고만 했을까. 나는 어머니보다 더 등등한 제3자였다.

(2004년)

두 남자의 향기

미남 둘이 웃고 있는 화장품 광고가 있다. 한 쪽 미남은 축구 선수고 다른 쪽은 탤런트다. 축구 선수는 흡인력 있는 눈빛에 고혹蠱惑적인 웃음을 연출한 데 비해 그보다 어린 배우 쪽의 웃음은 웃음이라기보다 그냥 입을 벌쭉한 느낌, 백일을 전후한 아기의 그것처럼 무색 무구無垢하다. 그만큼 무미하다. 뒤에 가라앉는 감칠맛도 향기도 그늘도 없다. 그 배우의 웃음을 '살인적인 미소'라 열광하는 젊은 쪽은 당연히 축구선수의 웃음을 느끼하다고 폄貶할 것이다.

광고는 이런 불평을 유도하려고 상반된 이미지의 두 웃음을 대비했을지 모른다. 일단 인구人口에 회자膾炙되는 것이 광고의 목적이라면 성공한 작품이리라. 문제는 내 눈은 매번 탤런트 쪽을 얼른 비켜 축구 선수에 꽂히는 데 있다. 거기에서 그치지 않고 탤런트에 꽂히는 남의 시선들을 '맛도 멋도 모르는구나. 어찌 생각이 저리 얕을까,' 딱하게 여기는 것. 그들이 단박 내 시선을 산뜻하지 않다고 찡그릴 거 같아 얼른 광고에서 눈을 떼는 것. 혼자 생각한다. 이 광고는 성공작일까 실패작일까.

(2003년)

죽이지 마소

송광사에서 4박5일 여름 수련회를 할 때다. 수련의 막바지 수순으로 차를 마시는 시간, 수련생들은 서로 웬만큼 낯은 익었지만 아직 삼가는 분위기였다. 나는 팔에 달라붙는 모기를 무심히 손바닥으로 탁 쳤다. 순간

"죽이지 마소!" 옆에 앉은 여인이 비명을 질렀다. 나도 모르게 합장했다.

내가 고양이에게 사랑을 쏟아 부을 때 주변의 모든 것들이 고양이의 이미지였다. 꽃, 나무, 아기, 친구의 얼굴들이 모두 고양이로 보였다. 나는 착하고 부드러운 눈으로 그들을 바라보았다. 지렁이와 달팽이를 밟지 못하게 된 게 수련회 때문인지 고양이 때문인지 알 수 없지만 나는 인도로 기어 나온 저들을 비켜 걸으면서 "죽이지 마소!"를 떠올렸다. 그것은 바로 모

든 여린 것들의 비명이었다. 내가 함부로 할 수도 있는 것들의 간절한 비손이었다. 단 하나의 목숨, 무력한 그것이 속수무책 밟힐 때 그 소리 없는 비명에 기우는 귀가 있어야 하다고 생각하게 되었다. 제 목숨 내놓고 분수없이 거기에 기울어지는 귀, 나는 그 귀에 합장했다.

한 때 누군가 어린이 정서 교육 목적이라며 등산로 중턱에 울타리를 치고 토끼와 꿩과 닭들을 길렀다. 사육을 전담한 이가 있었겠지만 갇힌 것들은 늘 배고프고 목말라 보였다. 꼭 "죽이지 마소!" 하는 것 같았다. 그 앞을 맘 편히 지나칠 수가 없었다. 갈잎을 꺾고 풀을 쥐어뜯어 한 아름 던지면 일단 우르르 몰려들었지만 토끼들만 정신없이 먹었다. 닭과 꿩은 얼결에 풀을 찍었다가 놓고 두렷거렸다. 사육사가 질색을 하건 말건 과일 껍질이나 남은 음식을 싸다 던졌다. 닭들이 정신없었다. 눈물이 핑 돌았다.

"이 따위 짓을 아이디어라고?" 나는 울타리를 친 이를 소리내어 욕했다. 도저히 합장을 할 수 없었다.

(2006년)

700번 치던 시계

어릴 때 다락방에 고장 난 괘종시계가 있었다. 아우들 중 하나가 태엽을 잔뜩 감아놓고 내려오면 시계는 감긴 태엽이 다 풀리도록 혼자 쳤다. 700번을 센 적도 있다. 식구들도 마실꾼들도 시계 치는 소리가 열셋을 넘어가면 웃음을 터뜨리기 시작했다. 아버지 기침소리만 들려도 집안 분위기가 금방 납작 눌리던 때 우리는 무엇보다 느닷없이 터지는 웃음을 참는 게 고충 중 고충이었다. 이때 시계가 치기 시작하면 우리는 죽을힘을 다해 밖으로 튀었다. 마당을 건너 살구나무 밑에서 참았던 웃음을 쏟아냈다.

감겨진 태엽이 풀리기까지 혼자 뎅뎅거리던 시계가 그 후로도 가끔 내 귀에서 쳤다. 화두! 싶을 때 나는 들리지 않는 소리에 유심해진다. 나는 혹 누군가에 의해 무심히 태엽이 감겨져

저절로 치는 고장 난 시계는 아닐까, 그렇다면 이제 나는 어째야 하나. 언제쯤 이 태엽이 다 풀릴까. 나는 이제 웃을 수 없다. 내 귀에서만 치는 시계여서 함께 웃을 이도 없다. 어째야 하나.

(1998년)

나, 사람?

외출에서 돌아와 티비를 켰다. 미연합군 탱크 30대가 바그다드 심장부로 진입한다는 해설과 함께 화면은 뭉글거리는 검은 연기로 가득 찼다. 이라크 실전實戰중계였다. 시민 하나는 생필품을 안고 뛰며 아직 뭐가 뭔지 모르겠다는 표정인데 '꾸르릉' 포성이 연달아 울렸다.

저녁상을 차려놓고 보아도 화면은 달라지지 않았다. 반찬이 별 거 아니구나 하면서도 나는 밥을 연신 퍼 넣으면서 티비를 흘끔거린다. '왜 화면도 멘트도 변화가 없을까.' 화면 전환이 느리다고 약간 짜증내며 밥알을 씹는다. 지루했다. 마침내는 티비 채널을 돌리려고 일어서다가 멈칫했다.

"지금 전쟁 상황을 생중계하는 것이다! 아기들이 죽어가고 있을지도 모르는 상황인데 지루하다니?" 나는 무슨 운동 경기

중계를 보듯 밥을 먹으면서 짜증을 내고 있었다. 티비를 껐다. 수저를 놓았다. 금방 어디선가 내게로 총알이 날아올 것 같다.

(2003년)

도토리의 염량

도토리의 탄닌 성분이 인체에 흡수된 오염물질을 훑어 내린다는 말을 듣고 도토리가 그런 구실도 한다니 수입 도토리가루가 국산으로 둔갑할 만하다고 나는 고개를 끄덕거렸다.

도토리는 구황식물救荒植物이다. 쑥, 밀기울, 피[稗], 무릇[蒴果], 송기[松肌] 등등이 곡기를 대신하던 때 도토리는 제법 상질의 양식이었다. 도토리묵 한 그릇으로 속이 그득해 들로 나간 농부는 한나절을 너끈히 허리를 펴지 않을 수 있었다. 도토리가루마저 떨어질 듯싶으면 아예 묵 앙금을 내리지 않고 통째로 죽을 쑤어 끼니를 잇기도 했다. 모래처럼 깔깔한 감촉에다 떨떠름한 그걸 넘기기 어렵지만 일단 넘기면 이는 한층 소화가 더디어 더 오래 속이 든든했다.

풍년이 들 것인지 흉년이 들 것인지를 일쑤 도토리로 점쳤다. 도토리나무는 속이 깊어서 들판을 내려다보아 흉년 들 조짐이 보이면 부지런히 열매를 많이 매달아 다음 해 보릿고개를 넘겨주려 안간힘 한다고 어른들은 말했다. 그 속 깊은 도토리나무의 염량炎凉이 훈훈해서 사람보다 낫다고 치켜 줬다. 이를 기상조건 따위 과학적인 분석으로 받아들이고 싶지 않다. 이처럼 그냥 어수룩하게 옛 어른 투로 넘어가고 싶은 일들이 몇 더 있다.

(2003년)

여우비

며칠째 창을 가득 채우는 회색하늘이 사무쳐서 마루를 빙빙 돌며 헛소리처럼, '잘 살아야지, 잘 살아야지' 했다. 자장면 두 그릇을 주문했다. 자장면 그릇을 비우고 "아, 맛 있다!" 했더니 남편이 따라 "나두!" 한다. 남동생 같다. 그가 '잘 살아야지.' 하는 내 헛소리를 들었으면 매우 흐뭇해했을 것이다. 빈 그릇을 씻는다. 내가 이렇게 그릇을 씻는 등 말 대신 몸으로 '잘 살아야지.'를 보여주면 그는 결코 내 결심을 알아먹지 못할 것이다. 장마 사이 햇빛처럼 햇살 사이 여우비처럼 짧게 쨍했다 꺼지는 나의 착한 결심은 뉘게 말로 틀만큼 질기지도 굳지도 않다.

장마에 망가진 화분을 엎고 젖은 흙에서 뿌리를 추린다. 그를 뽀송한 새 자리에 곧추세워 앉힌다. 문득 나도 그런 자리

골라 앉고 싶다. 얌전히 느긋이 앉아 곧은 뿌리 내리고 곧은 가지 뻗고 싶다. 꽃나무 뿌리 추리기를 멈추고 그 일부터 하고 싶다. 불끈대는 변덕을 참고 새 자리에 앉힌 꽃나무 밑을 꼭꼭 누른다. 번성하는 잡념을 그렇게 누른다. 구상의 시 〈꽃자리〉를 떠올린다. 남편은 자장면 냄새를 헹궈내고 소파에 길게 눕는다. 그는 내 변덕을 모르니 느른하게 한숨 잘 것이다. 나는 또 빙빙 마루를 돌 것이다. 우리 내외 장마철 휴일은 수십 년 변함없다.

(2004년)

오늘은 엄살해야겠다

새벽부터 오늘은 앓기로 작정한다. 그럴 필요가 있다. 내일은 당일치기 당진행을 해야 하고 그 다음날엔 정서네들이 몰려온다. 세 살배기 정서가 오면 나는 웃기에 바쁘고 먹이기에 바쁘고 춤추기에 바쁘다. 정서가 침대를 구르면서 '할머니도 춤춰!' 하면 난 도리 없이 춤춰야 한다. 참으로 우스꽝한 춤사위지만 내가 남 앞에서 춤추는 게 난생 처음이란 걸 정서는 모른다. 세 살배기 명령보다 힘 센 건 없다.

정서가 동요의 끝 구절을 부르며 '움머'하려고 입술을 동그랗게 모아 쑥 내미는 모습에 견줄 만큼 이쁜 게 있을까. 그건 바로 내가 그 노래의 끝 구절만 따라 부르지 않을 수 없는 이유이기도 하다. 그걸 알아챈 정서는 '움머'할 때 일부러 입술을 더욱 많이 내밀어 보인다. 내가 정서보다 더 많이 내밀어보려고 입술에 잔뜩 힘을 주면 정서가 숨이 깔딱 넘어가게 웃는다. 아이 앞이지만 나는 좀 부끄럽다.

월나라 미인 서시西施는 속병이 있어 가끔 얼굴을 찡그렸다 한다. 찡그려도 서시는 이뻤다고. 동네 박색 처자가 서시를 따라 얼굴을 찡그렸다. 사람들은 그를 보고 얼굴을 돌렸다. 아기는 무슨 짓을 해도 이쁘다. 서시가 찡그리지 않고 웃었더라도 아기만큼 이쁘지는 않았을 것이다. 박색 처자도 찡그리지 않을 때 누군가 이쁘게 봐 준 사람이 단 한사람이라도 있었다면 결코 서시를 따라 찡그리지 않았을 것이다. 그도 '꽃'이 되었을 것이다.

내일 모레 춤추기 위해서 나는 오늘부터 엄살해야 한다.

(2004년)

〈게르니카〉의 몫

… 아직 먼빛이었다. 암청색 숲 속에 붉은 지붕들이 떠올랐다. 마치 붉은 비늘의 기다란 물고기가 가로 누운 모양이었다. 길섶에 다닥다닥한 민들레, 풀 밑으로 숨어 흐르는 맑은 개울, 새끼 데린 검은 염소와 누렁 암탉, 추녀 안에 고추와 옥수수를 늘어뜨린 외딴 농가들을 한참 스쳐 걸었다.

이윽고 게르니카였다. 조붓한 차도에 적당히 밀리는 자동차들, 지팡이를 앞세운 노인, 유모차에 담긴 아기, 기운차게 떠들어대며 걸어가는 소년 소녀의 거리, 스페인의 여느 소도시와 다름없었다.

피카소의〈게르니카〉는 중심가 끝에서 마치 "정지!"하듯 맞받아왔다. 가로 7.75미터, 세로 3.47미터 원형대의 벽화, 밝은 태양 아래 드러난 무채색의 소용돌이는 약간 민망했다. 벽화

앞을 무심히 지나치는 사람들과 자동차, 벽화 뒤에 프레임처럼 둘린 주택가의 지붕들, 그 앞 길 건너에 놓인 대형 쓰레기통…. 때문에 나 하나만이라도 그림 앞에서 유심해져야 할 책임감을 느끼려 했을지 모른다.

한 해 전 마드리드의 〈소피아〉 미술관 부드러운 불빛 속에서 〈게르니카〉는 오히려 당당했었다. 나는 미숙한 독법으로 피카소의 직설을 읽고(?) 대번 설득 당했다. "게르니카에 안 갈 텐가?" 스스로에게 종주먹대고 있었다. 그 일 년 후, 우연히 잡힌 도보여행 일정에 게르니카가 끼어 있어 나는 동요했다. 지금, 벽화 〈게르니카〉 앞에서 〈한국에서의 학살〉을 떠올리며 나는 약간 더 동요한다.

"도대체 우리 인간에게 '남의 나라 전설'쯤으로 제쳐버릴 일이 하나라도 있을까." 어수선한 의문을 수습하지 못한 채 박물관으로 갔다. 우리 둘이 마지막이며 유일한 관람객이었다. 박물관을 나와서 막연히 '상수리나무 숲'이라고 짚어지는 곳까지 걸어갔다가 돌아섰다. 가게들 안쪽에서 아늑한 빛이 새나오기 시작했다. 나는 게르니카 저녁거리의 천연스러움에 너그러워지려고 노력하며 걸었다.

그리고 한밤중 잠에서 깼다. 새벽 두 시, 비로소 피카소의 벽화 〈게르니카〉가 내게 말하기 시작했다.

"… 너는 그리 민망해 할 것 없어. 나, 〈게르니카〉는 이제

민들레나 냇물이고 싶어. 한 때는 '인간은 인간일 뿐'이라던 어느 소설가의 체념을 삭이지 못해 힘들었어. 너도 연상했던가? 그림 속 전등불이 참극을 견디는 신의 눈이라고. 그래, 나는 눈을 부릅떴었어. 아이의 주검을 그 어미 이상 절규하려고, 어리둥절한 황소의 눈을 납득시키려고 내 눈은 충혈 됐어. 스물네 시간 3백6십5일 이 거리가 팽팽 긴장해줬으면, 안달했어. 혹여, 남의 나라 전설쯤으로 나, 〈게르니카〉를 짧게 스치는 하루치기 여행객이 있을까 봐 전전긍긍 "이것은 지금 바로 너의 현재!" 라고 다그치려 했어. 창조주가 당신 모상대로 인간을 창조하고 당신 입김을 불어넣었으니 속에 눌린 신의 호흡이 분출하기까지 종을 울리는 것이 나 〈게르니카〉의 몫인 줄 알았어.

1937년 4월 26일, 인구 7000의 게르니카는 네 시간 동안 50톤의 포탄 비로 도륙 당했어. 히틀러의 새 무기 성능 시험, 포탄 비의 효시였지. 이후 2차 대전에서 베트남 전선에서 포탄 비 세례는 무섭게 증폭했어. 작지만 옛 바스카야 왕조의 법률상 수도였던 만큼 신성한 곳이란 자부심이 강했던 게르니카에서 사람 목숨 1,600여를 빼내고 800여의 심신 일부를 망가뜨렸어. 하긴 스페인 내전 3년간 70만의 인명을 앗으며 이어진 프랑코의 독재 36년에 비하면 우스운 수치이겠지만. 히틀러의 광기에서 너는 일본의 생체 실험을 연상했지. 나 〈게르니카〉가 빠리 만국 평화회의장에 내 걸려 인류 양심에 불화살을 꽂은 3십 년 후, 피카소는 〈한국에서의 학살〉로 너의 나라 동족상잔을 들이

댔지만, 만삭 여인의 벗겨진 배를 향해 수평으로 쳐들린 총부리, 그 가해자의 성분이 모호하다는 이유로 공개되지 못했지. 아, 우리 이제 그냥 전쟁의 덧없음만 챙기면 안 될까.

박물관 층계를 올라 묵직한 문을 밀면 어두운 실내에 비장한 음률이 고여 있었지. 유리로 막음한 전면 벽에 붙박이 된 내전의 상흔, 그 폐허 위로 포개지는 난장판 거리와 포연 속을 갈팡질팡 뛰는 사람들, 그리고는 아기의 것도 같고 순한 짐승의 그것도 같은 입술들이 동시에 열리고 닫히면서 '평화!'를 토해냈어. 여기서 너는 조금 휘청거렸어.

암전과 함께 왼편 유리벽이 소리 없이 열리고 전란에 깨진 현장이 그대로 유리 바닥 밑에 깔렸지. 거기 뒹구는 군용 물병과 타다 남은 수첩과 유리 진열장 안에 전시된 군복과 혁대를 보며 "저들도 사람이었어!" 너는 속으로 외쳤어. 저 광기의 가해자들도 물을 마시고 옷을 입고 혁대를 조였던 '사람이었음'에 너는 혼신으로 매달리려 했어. 사람이었으므로 어린애를 겨냥해 포탄을 던질 땐 적어도 눈을 감았을 거라고 너는 믿고 싶었어. 안간힘썼어. 그 안간힘은 너의 약점일까. 그 반대일까.

그리고 너는 마침내 소리 없는 아우성을 들었어. 네 조각으로 분해 된 나 〈게르니카〉가 각기 투명액자에 담겨 공중에서 흔들거렸지. 흔들리다가 절규하는 여인의 입과 순한 황소의 눈이 겹치기도 했지. 너는 갈가리 해체되어 중천을 떠도는 원혼을 연상했고 그들의 곡성을 들었지. 어느 지점에서 네가 두

발을 모으면 나 〈게르니카〉는 마침내 씻김굿에 흔감한 악귀처럼 말끔한 얼굴이 되는데 그때 너는 오히려 허탈해졌어. 나는 너의 그 혼돈이 맘에 들었어. '상수리나무숲'으로 가며 고개 숙인 네 모습이 좋았어. 상수리나무는 '게르니카의 나무'라고도 불리는 이 도시의 상징이지. 그 나무 아래에서 사람들은 나랏일을 의논하고 결의를 다지는 전통이 19세기까지 이어졌으니까. 거기서 넌 잠깐 네 유년의 저녁으로 갔어. 경조사가 난 집 마당에 모여 웅성거리던 할아버지들의 희끗한 머리. 등불을 높이 매다는 청년을 올려다보며 문득 멈추던 아이들의 소음. 그 소음을 들으며 넌 천천히 걸었어.

너는 보았을까. 게르니카의 저녁거리를 사람들과 함께 흐르던 그 '무엇'을. 바로 그것을 포옹하는 것이 이제 나 〈게르니카〉의 몫이야. 너는 그리 민망해할 것 없어….

(2006년)

그래서, 뭐야!

- 그를 만나고 싶었습니다

'십자가의 성 요한'은 내게 웅숭깊은 숲, 차라리 추상이었습니다. 그는 몰락한 귀족 가문의 유복자 '요한 데 예뻬스'란 속명으로 21년 살았고 '성 마티나 요한'이란 수도修道명으로 5년 살았고 '십자가의 성 요한'이 되어 마지막 23년 뜨겁게 '임'을 껴안을 수 있었던 영성의 대가였습니다. 그는 자기가 몸 담은 '완화 갈멜회'의 느슨한 타성에 새 바람을 넣으려 한 죄로 아홉 달 동안 고성 첨탑에 갇혀 골병들게 맞고 동료 수사들은 그의 얼굴에 생선뼈를 던졌습니다.

그를 자극한 영혼의 동료는 여성 최초로 '교회 박사' 칭호를 받은 아빌라의 테레사 수녀, 그보다 서른 살 연상의 용기 있는 신비가였습니다. 마틴 루터 수사가 일으킨 정면 도전의 충격파를 테레사만큼 혼신으로 받은 이는 많지 않을 겁니다. 그는 초창기 수도원의 은수적隱修的, 관상적 회규會規에로의 복귀를 기치로 반종교개혁을 시도하던 중 '십자가의 성 요한' 사제를 겨냥합니다. 깊은 묵상 끝에 테레사의 개혁 의지에 동의한 성 요한과 테레사 수녀는 참회와 보속, 금욕과 고행의 징표로 실제 맨발이 됩니다. 맨발은 개혁 수도회의 표지입니다. 핍박은 성 요한에게 더욱 가혹했지만 정작 그를 힘들게 한 건 추위와 매질과 수모가 아니라 내적 고뇌 곧 '영혼의 어둔 밤' 건너기였습니다. 그의 임, 그의 하느님은 가장 더디게 다가오는, 눈에 보이지 않는 '존재 아닌 존재'였으니 하필 그 '없는 임'과의 합일을 고집하는 자기 자신과의 싸움이었습니다.

이쯤에서 그가 "그래서, 뭐야?" 라고 비틀거렸다면 나는 대뜸 5백 년을 뛰어 넘어 사람 냄새 물씬한 그를 포옹했을지 모릅니다. 그러나 그는 막무가내 견딥니다. 극히 짧은 섬광으로 반짝하곤 가뭇없이 숨는 임을 포기 못합니다. '없는 임', 그 '어둠의 빛'을 향해서 참으로 우직하게 걸어갑니다. 마침내 나는 그와 나 사이의 까마득한 시공을 가늠하면서도 감히 그 맑은 고집을 탐하게 됩니다. 동시에 나는 우둔해야할 때 유독 반지빠른 자신에 절망합니다.

혹독한 옥살이 아홉 달을 임에게로 가기 위한 '한 발짝'으로 여겼다는 성 요한의 묵상엔 고개가 저으면서도 2백7십 개의 어둔 밤 속에서 담금질한 혼의 정수精髓, 마침내 교회 문턱을 넘어 세계사에도 우뚝한 신비주의 영성 시인으로 칭송받게 된 그 시혼詩魂, '전부 아니면 무'라는 하느님의 몰수 근성을 납득한 그의 '무딘 지혜'만은 탐합니다.

이렇게 가끔씩은 천연덕스러웠지만 대체로 불경한 투정과 짜증으로 부글거리면서도 마냥 막연히 든든했었던 나의 다섯 차례 1만여 리 스페인 성지순례 〈카미노 데 산티아고〉 긴 여정이 불가해하기도 합니다. 단선 몇 개로 여정을 스케치하려 했음에도 가끔씩 졸가리 없는 낙서를 했고 그 중 한 개를 여기 옮기는 용기 또한 불가해합니다.

— 〈카미노〉는 과정이 곧 목적이다. 첫 한 발짝이 이미 충족이다. 〈카미노〉는 누구나 읽을 수 있지만 아무도 그 뜻을 정확히 진술할 수는 없는, 그러나 백인백색의 진술들이 결국은 하나로 묶이는 오묘한 기호記號이다. 〈카미노〉는 느낌표와 물음표로 점철된 끈이다. 〈카미노〉는 길을 걷는 게 아니라 앞에서 풀리는 끈을 돈단무심頓斷無心차근차근 사리는, 매듭도 얽힘도 끊어짐도 하등 낭패감 없이 맞고 보내며 제 안으로 길을 내는 영원한 진행형이다. 그러니까 그냥 걸어라, 몸에 맡기고 마음에 맡기고 곧은 길 곧게 굽은 길 굽게 걸어라, 걸어라, 걸어라, 나는 이렇게 뇌면서 걷는다. —

성인聖人들이 공통으로 가졌던 임을 향한 무작정함, 우둔함, 단순함은 그대로 카미노의 필수요건이기도 합니다. "그래서,

뭐야?"라고 물을 수 없음이 그렇고 한 발짝도 건너뛰거나 생략할 수 없음이 그렇고 시계視界 제로의 안개 속에서 이정표를 찾아냈을 때 신의 의지를 인정하지 않을 수 없었던 무력함에서 그렇습니다. 그렇게밖에는, 고작 눅눅한 공동 숙소에 눕기 위해서 진종일 땡볕 아래를 걷는, 그 맹랑한 되풀이를 이구동성 아름다웠다 추억하는 이유를 설명할 길이 없습니다.

기타를 멘 청년 카미노가 있었습니다. 숙소에 들어 다른 카미노들이 빨래하고 일기 쓰는 동안 그는 기타를 쳤습니다. 또래의 여자 카미노가 늘 그 곁에 있었습니다. 며칠 만에 한 번씩 마주치면 "안녕하세요?" 내가 가르친 우리말로 정중히 고개를 숙였지만 나는 매번 바뀌는 그의 동행과 그를 싸잡아 속으로 "콤포스텔라에 닿긴 글렀다!" 심술궂게 선고했습니다. 그러나 그는 다시 바뀌친 동행을 달고 순례의 종점 콤포스텔라에서 나를 보고 인사했습니다. '사람을 재는 자[尺]는 그 사람의 일생보다 길어야 한다.'는 어느 분의 글이 떠올랐습니다. 남의 '속길 내기'에 함부로 내 잣대를 휘두른 나는 카미노로서 실격입니다. 어찔했습니다.

'카미노 데 산티아고'는 2천 년 전 예수의 제자 야곱으로 인해 열린 길입니다. 유다처럼 스승을 배반할 반골 기질도, 토마스처럼 스승의 오상五傷을 확인할 호기심도 난쟁이 자캐오처럼 스승을 보려고 나무에 오를 열정도 없었던 야곱 성인(산티에고)을 미답의 땅 1만 3천 리 밖으로 밀어낸 힘, 그로 하여 비롯된 길이 2천 년 세월을 넘어 종교의 벽을 넘어 세계인을 끌어당기는 그 힘의 근원이 비로소 어렴풋해졌습니다. 성 야곱을 인도한 건 별(콤포스텔라의 어원)이 아니라 무작정함, 우둔함, 단순함이 아닐까 믿고 싶었습니다. 그 '무력無力의 힘' 단순함의 힘 이상을 나는 인정할 수 없었던 겁니다.

좀 더 우둔한 까미노들은 콤포스텔라에서 내쳐 휘스테라까지 사흘 길을 더 걷습니다. 더욱 우둔한 이들은 거기서 되돌아 자기 집까기 계속 걷습니다. 이베리아반도의 끝, 거기엔 제로(0) 킬로미터의 카미노 시발점이 있고 커다란 구리구두 조형물이 있고 맨 꼭대기 바위엔 성 야곱이 그었다고 전해지는 십자표지가 있습니다. 내가 숙소로부터 거기로 걸어가는 삼십여 분 동안 세 번 소나기가 내렸고 세 번 무지개가 떴습니다. 망망대해에 한 손을 짚고 허공으로 휜 아슬아슬한 지탱! 그 심오한 표징을 소화 못한 나는 외마디 탄성만 거푸 질렀습니다.

성 요한의 오두막은 스페인의 세고비아 외곽 황갈색 절벽에 붙어 있었습니다. 조붓한 에레스마강을 경계로 그 맞은편 풍요한 숲 속 알카자르(성)에서 관광객의 발길은 일단 멈춥니다. 메마른 절벽에서 곤고했던 성 요한의 후반 생을 짚어 보려면 얼마간 이쪽 숲의 풍요를 민망해 해야 합니다. 오두막은 종이접기처럼 단순한 구조와 그쯤의 부피감으로 성인의 성정과 생애를 그려 보입니다. 오두막 앞에 5백 년 전에 그가 심었다는 사이프러스 고사목 위로 검은 새 서너 마리 선회합니다. "아, 드디어!" 비로소 큰 한숨 내쉬는 바로 그 순간, "일반인 출입 금지요!" 문지기가 가로막습니다.

속수무책, 수도원과 오두막을 싸안고 둘러친 돌담 밖을 하릴없이 어정거렸습니다. 뙤약볕 아래 마사토로 삭아 내리는 바위틈에서 키 작은 잡초들이 말라가고 있었습니다. 한 방울 이슬에 발끝 닿기 무섭게 서둘러 싹을 틔우고 미처 줄기도 뻗기 전 허겁지겁 꽃을 피우고 목숨의 경각에서 깜냥껏 열매를 맺은 먼지 알갱이만 한 생명의 안간힘에 가슴 멥니다. '내 꼴이구나!' 혼잣말을 뇌는데 '나도!' '나도!' 따라붙는 여럿의 목소리들이 '나=너=우리=잡초'의 등식을 만듭니다. 여럿이면 힘 받을 법한데 내 뒷등에선 여전히 텅텅 빈 소리 납니다. 혼자였습니다! 되돌아 걷고 다시 걸어도 돌담은 매번 허술한 구석 하나 없는 절벽에서 끝났습니다.

어렵사리 500살 된 고사목을 껴안기는 그로부터 다섯 시간 후, 30여 분 소통 불능의 스페인 노사제와의 승강이 끝에 이루어졌습니다. 막바지 승강이의 압권, 답답해진 내가 가슴을 탕탕치며 "물!" 했습니다. 깐엔 오두막에 가고 싶어 가슴이 탄다는 표현이었는데 노사제는 실제로 물병을 가져다 안겼습니다. 우물가의 예수와 사아리아 여인과의 선문답이 떠올라 웃음이 터졌습니다. 나도 언젠가 누군가의 간절함에 이렇듯 절벽인 적 있었으리라, 웃음이 멎었습니다.

오두막 안, 성 요한은 바위너덜 그대로인 담벼락에 기댄 흑백 사진틀 속에서 왼손에 성경을 오른손에 십자고상十字苦像을 들고 서 있었습니다. 원했던 두 가지를 손안에 넣고 엇비슷 허공으로 비낀 그의 눈길 앞에 나는 털썩 오체투지五體投地했습니다.

다음 날은 진종일 구두를 말렸습니다.

(2007년)

■ 연보

• 약력

1939년 3월23일 충남 당진에서 부 이종훈 모 남소재의 8남매의 장녀로 태어남.

1952년 당진 초교 졸업.

1955년 당진 중학교 졸업.

1958년 서울 덕성여자고등하고 졸업.

1959년 자원입대.

1961년 제대.

1962년 〈재건국민운동〉순회강사.

1965년 결혼.

1989년 국회의원 7급 비서직.

1990년 방송대 국문과 입학.

1992년 가족계획 협회(현 인구협회)에서 청소년 진로상담, 국제기구 BI 상담원(현재).

1997년 방송대 졸업.

1999년 〈문예사조〉신인상 받음.

2000년 수필집 〈분홍 양말〉간.

2001년 〈계간수필〉 추천완료.

2005년 수필집 〈윤예선 그 사람〉(범우사)간.

2008년 기행 수필집 〈카미노 데 산티아고) (범우사)간.

현대수필가 100인선 · 75
이난호 수필선
나의 푸른 것들아

초판인쇄 | 2010년 8월 15일
초판발행 | 2010년 8월 20일

지은이 | 이 난 호
펴낸이 | 서 정 환
펴낸곳 | 좋은수필사

주 소 | 서울시 종로구 익선동 30-6
운현신화타워 빌딩 3층 305호
전 화 | 02)3675-5635, 063)275-4000
등 록 | 1984년 8월 17일 제28호
홈페이지 | http://www.shinapub.com
e-mail | essay321@hanmail.net

값 7,000원

ISBN 978-89-5925-344-9 04810
ISBN 978-89-5925-247-3 (전 100권)